《经典诵读三百篇》编委会

华文教育专业规划教材

经典诵读

三百篇

（第二册）

总主编　邵　宜

副总主编　蔡　丽

分册主编　戴　薇

编写人员（按姓氏音序排列）：

蔡　丽　常芳清　戴　薇　李卫涛

刘玉红　邵　宜　孙　英　田　蔚

暨南大学出版社

JINAN UNIVERSITY PRESS

中国·广州

图书在版编目（CIP）数据

经典诵读三百篇. 第二册/邵宜总主编；蔡丽副总主编 . —广州：暨南大学出版社，2022. 1（2025. 9 重印）
华文教育专业规划教材
ISBN 978 - 7 - 5668 - 3086 - 9

Ⅰ. ①经… Ⅱ. ①邵…②蔡… Ⅲ. ①中华文化—华文教育—教材 Ⅳ. ①K203

中国版本图书馆 CIP 数据核字（2020）第 267851 号

经典诵读三百篇（第二册）
JINGDIAN SONGDU SANBAI PIAN（DI-ER CE）
总主编：邵　宜　副总主编：蔡　丽

……………………………………………………………………………………

出 版 人：阳　翼
策划编辑：杜小陆
责任编辑：康　蕊　武颖华
责任校对：张学颖　彭琳惠
责任印制：周一丹　郑玉婷

出版发行：暨南大学出版社（511434）
电　　话：总编室（8620）31105261
营销部（8620）37331682　37331689
传　　真：（8620）31105289（办公室）　37331684（营销部）
网　　址：http：//www. jnupress. com
排　　版：广州良弓广告有限公司
印　　刷：广东信源文化科技有限公司
开　　本：850mm × 1168mm　1/16
印　　张：10. 5
字　　数：280 千
版　　次：2022 年 1 月第 1 版
印　　次：2025 年 9 月第 2 次
定　　价：39. 80 元

编写说明

为适应海外华文教育发展的需要，暨南大学于2005年在国内首开华文教育专业。该专业致力于培养具备华文教育的基本知识和专业技能，具有较强的汉语应用能力，熟悉中国文化，能从事华文教育、学校教学管理、汉语应用等方面工作的应用型人才。

“朔南暨，声教讫于四海。”华文教育专业的学生既是以汉语为第二语言的学习者，又是以汉语为教学语言的准教育工作者，他们对中华经典的学习能力不同于汉语母语者，而对中华经典的理解和掌握要求又高于普通的留学生。我们希望华文教育专业的毕业生能够承担海外华校各类日常教学工作，能够把中华优秀传统文化带到五湖四海。因此，我们在华文教育专业人才培养方案中设置了“经典诵读”这门课，该课程为实践训练类课程，通过连续六个学期每日早读的形式开展，旨在引导并要求本专业学生能够诵读中国文学和文化经典。本丛书正是暨南大学华文学院华文教育系面向华文教育专业“经典诵读”课程专门编写的。

本丛书共6册，每册编选50篇，总称“经典诵读三百篇”。选篇首先考虑满足华文教育专业教学实际需要，适合华文教育专业学生（含全日制、境外兼读制）诵读中华经典的需求，同时也可供海外有志于从事华文教育工作者修读研习。每册各设置基础篇（20篇）、巩固篇（20篇）、提高篇（10篇）三部分，以满足华文教育专业同一年级学生不同汉语水平的需要。

本丛书各册选篇均以背诵为主，兼顾朗读。“操千曲而后晓声，观千剑而后识器”，唯有通过大量的背诵和朗读，才能在训练汉语语音、语调的同时积累诗词曲赋，提升中华文学素养，进而逐步深化对中华文化的认识。背诵的篇目以韵文为主，包括儿歌、古诗词、短小的古文篇什等；朗读的篇目则主要包括较长的古诗、古文名篇以及现代诗歌、散文名篇等。其中，各册基础篇以适合背诵的篇目为主，选目多为绝句、儿歌、韵文、律诗；巩固篇是以背诵为主、朗诵为辅，选目多为律诗、古体诗、词、现代诗、现代散文等；提高篇是以朗诵为主、背诵为辅（主要是名段背诵），选目多为传统文化典籍、古代散文、现代文名篇的选文等。

本丛书选篇的主要原则如下：其一，注重中华文化传播的任务。突出正面引导，注重美好道德，强调现代意义。优选脍炙人口的名家名篇，注意古今搭配，注意题材、体裁、风格、朝代及作者的适度分布。其二，充分考虑学生的汉语水平、文化理解与接受能力。纵向来看，

1 ~6 册学习难度逐渐提升；横向而言，一册之内基础篇、巩固篇、提高篇难度也有所区别。其三，联系学习实际，注重海外华文教学对中华经典的需求。考虑该专业学生今后教学工作的需要以及主要教学群体的特点，除编选经典诗词、散文外，适当收入代表性儿歌、童谣、经典蒙学作品、儒家经典等。

本丛书注重学生的自主阅读能力培养。为了尽快培养学生良好的中文阅读习惯与能力，除在第一册基础篇的正文部分全部标写拼音之外，其余各处只为超纲词、易读错的多音字词标注拼音。在诵读的文本正文之后，为帮助学生理解和自主阅读，设置有“词语解释”“古诗（古词、古文）今译”“作者简介”“作品赏析”“经典名句”“诵读指引”等环节。这些环节讲求言简意赅，生动形象，突出重点。

本丛书探索互动参与式教材编写机制，全部配图均选自在试用阶段面向使用者征集的作品，由丛书编写团队挑选最能体现文意的作品作为教材出版时的配图，风格多元，以不同角度呈现作品的意境。同时，动态征集与作品配套的音频与视频作品，使教材同时成为使用者的展示平台，促进使用者与编写者的互动交流，促使使用者深度融入教材及作品，有利于教学效果的最大化实现。

“腹有诗书气自华”，通过三年的逐步积累，华文教育专业学生对三百篇中华文化经典了然于胸。我们希望使用本丛书的学习者能够在对中华经典的诵读过程中，谛听来自古人的智慧，愉悦自己的身心；期待诵读经典的学生能把中华文化和所在国文化融合起来，为促进中外文化交流、构建美好的人类命运共同体贡献自己的一份力量。

《经典诵读三百篇》编委会

2020 年 2 月

目录

经典诵读三百篇（第二册）

基础篇

巩固篇

提高篇

基础篇

fā dì

早发白帝城

J－1

（唐）李白

zhāo
朝辞[1]白帝[2]彩云间，

líng huán
千里江陵[3]一日还[4]。

tí
两岸猿[5]声啼[6]不住[7]，

chóng
轻舟已过万重山[8]。

（绘图：2018级马来西亚学生　林学瑾）

词语解释

［1］辞：告别。
［2］白帝：白帝城，在今重庆市奉节县。
［3］江陵：今湖北省荆州市。
［4］还：返回。
［5］猿：猿猴。
［6］啼：鸣、叫。
［7］住：停息。
［8］万重山：形容山多，层层叠叠，连绵不断。

古诗今译

清早告别高耸入彩霞中的白帝城，一天就可以回到千里外的江陵。长江两岸的猿猴叫个不停，轻快的小船已穿过重重青山。

作者简介

李 白

字、号：字太白，号青莲居士

籍贯：陇西成纪（今甘肃秦安）

生卒年：701—762

身份：唐代浪漫主义诗人

获荣誉称号：“诗仙”

代表作：《静夜思》《望庐山瀑布》《行路难三首》《蜀道难》《将进酒》等

作品赏析

这首诗写于作者被流放途中突然得知被赦免，马上从白帝城出发，返回江陵，诗歌用两岸风景的优美以及船只行驶的轻快表达了诗人被赦免后的喜悦和兴奋之情。诗歌首句写白帝城高入云彩的地势，为后面描写船只顺流而下、轻快前行埋下伏笔。“云”的色彩反映天气的晴好，烘托出诗人愉悦的心情。次句以空间之远“千里”与时间之短“一日”作对比，透露出诗人急切的归意。后两句用连绵不断的猿声和重重叠叠的山影衬托舟行轻快，诗人原本是逆流而上，现在得以顺流而下，心情大好。全诗情中有景，景中有情，情景交融，表达出诗人豪迈和欢愉的心情。

经典名句

两岸猿声啼不住，轻舟已过万重山。

诵读指引

《早发白帝城》是一首七言绝句，“间”“还”“山”押韵，诵读时整体节奏要轻快，关键字要重读，通过语气、语调变化，表达了诗人遇赦后愉快的心情。

早发白帝城

朝辞/白帝/彩云间，（“朝”与“彩”重读，上行语势）
千里/江陵 /一日还。（“千”与“一”重读，平行语势）
两岸/猿声/啼不住，（语调轻快，“啼”重读，上行语势）
轻舟/已过/万重山。（“万”重读，“万重山”三个字一字一顿，声音延长，平行语势）

lè yóu yuán

乐游原

J－2

（唐）李商隐

向晚[1]意[2]不适[3]，
qū
驱车[4]登古原[5]。
夕阳无限好，
只是近[6]黄昏。

（绘图：2018级印度尼西亚学生　谢承良）

词语解释

［1］向晚：傍晚。
［2］意：心情。
［3］不适：不悦，不开心。

［4］驱车：驾车。

［5］古原：乐游原，长安（今西安）城南，地势较高，唐代游览胜地。

［6］近：接近，快要。

古诗今译

傍晚时分我心情不好，驾车登上乐游原。夕阳时的风景十分美好，只可惜已到了一天的黄昏时候。

作者简介

李商隐

字、号：字义山，号玉谿生，又称樊南生

籍贯：祖籍怀州河内（今河南沁阳），出生于郑州荥阳（今河南荥阳）

生卒年：约813—约858

身份：唐代诗人

获荣誉称号：创晚唐诗歌高峰，与杜牧合称“小李杜”，与温庭筠合称“温李”

代表作：诗作《乐游原》《锦瑟》《嫦娥》等；《李义山文集》

作品赏析

诗人身处衰落的晚唐，虽然有雄心壮志，但一直得不到发展的机会，这首诗表达了他的无奈和伤感情绪。前两句写诗人心情不好，驾车出门散心，登上乐游原。后两句写乐游原在夕阳映衬下景色无限美好，“只是”转而抒发伤感的情绪，表达对一切终将结束的惋惜，对无力挽回美好事物的慨叹。“夕阳无限好，只是近黄昏”所揭示的哲理，千百年来都为人们所引用。后世也用来表达光阴易逝、珍惜时光的积极意义。

经典名句

夕阳无限好，只是近黄昏。

诵读指引

这首诗语句短小，内容朴实，但内蕴丰富、意味深长。诵读时要注意语势的变化，表现作者的惋惜、惆怅之情。读准每个字音，前两句的“意”“登”两个字要读得饱满。最后一句的“只是”两个字要拉长，在其他字的长短上可有所区别。

乐游原

向晚/意/不适，（“意”重读，拉长，表现不适之情）

驱车/登/古原。（“登”重读，拉长，平行语势）

夕阳/无限/好，（“无限”重读，拉长，上行语势）

只是/近/黄昏。（“近”重读，“黄昏”两个字一字一顿，声音延长，下行语势，表现惋惜之情）

zá shī shǒu

杂诗三首其二

J－3

（唐）王维

君自故乡来，

yīng

应[1]知故乡事。

qǐ

来日[2]绮窗[3]前，

zhuó

寒梅著花[4]未[5]？

（绘图：2018 级印度尼西亚学生　谢承良）

词语解释

［1］应：一定。
［2］来日：出来的时候。
［3］绮窗：雕画花纹的窗户。
［4］著花：开花。
［5］未：用在句末，相当于“否”，表疑问。

古诗今译

您是从我的家乡来的，一定知道我家乡的情况。请问您来的时候，我家雕花的窗户前那一株蜡梅开花了没有？

作者简介

王　维

字、号：字摩诘，号摩诘居士，世称“王右丞”

籍贯：太原祁（今山西祁县）

生卒年：约 701—761

身份：唐代诗人、尚书右丞

获荣誉称号：“诗佛”、唐代山水田园诗派代表

代表作：诗作《山居秋暝》《渭川田家》等；《王右丞集》

作品赏析

这首诗内容平实，写法质朴，看似不用任何技巧，却是寓巧于朴。前两句叠用“故乡”一词，平实地表达了强烈的思乡之情和希望了解家乡情况的急迫心情。后两句不直接写思乡，而问“寒梅”开了没有，这是一种特殊的艺术手法：把“寒梅”诗化了、典型化了，这株寒梅成了家乡的象征，寄托了诗人所有的思念之情，言有尽而意无穷。

经典名句

君自故乡来，应知故乡事。

诵读指引

这首诗语句短小，内容朴实，但内蕴丰富、意味深长。诵读时要注意语势的变化，表现作者在日常对话中强烈的思乡之情。读准每个字音，前两句重复的“故乡”两个字要读得饱满。最后一句的“著”字要拉长，在其他字的长短上可有所区别。

杂诗三首·其二

君自/故乡/来，（“故乡”重读，上行语势）
应知/故乡/事。（“故乡”重读，下行语势）
来日/绮/窗前，（“绮”重读，平行语势）
寒梅/著花未？（“著”重读，上行语势，读出疑问语气）

jiàn

剑客

J－4

（唐）贾岛

十年磨[1]一剑，

shuāng rèn

霜刃[2]未曾试。

今日把示君[3]，

谁有不平事[4]？

（绘图：2018 级中国学生　周宇达）

词语解释

［1］磨：打磨。
［2］霜刃：像霜一样冰冷的剑刃，形容剑锋寒光闪闪，十分锋利。
［3］把示君：拿给您看。
［4］不平事：冤屈不平的事。

古诗今译

用了十年才磨成的一把剑，剑刃闪烁着寒光，还没有试过刀锋。如今将它取出来，给您看一看，谁有冤屈不平的事？

作者简介

贾　岛

字、号：字阆（làng）仙，自号碣石山人

籍贯：幽州范阳（今河北涿州）

生卒年：779—843

身份：唐代诗人

获荣誉称号：“诗奴”，与孟郊合称“郊寒岛瘦”

代表作：诗作《题李凝幽居》《戏赠友人》等；《长江集》

作品赏析

这首诗写于诗人参加科举考试失败之后，表达了诗人希望能用满腹才华实现政治抱负的理想。前两句写剑客多年打造宝剑，暗喻作者十年寒窗苦读，身怀绝技。诗人以剑自喻，借“剑”渴望发挥作用来暗示自己希望有机会施展才华。后两句写剑客渴望仗剑行侠，表现诗人想要施展抱负的壮志豪情，这种托物言志的手法很高明。诗人在抒发怀才不遇的感慨的同时，也表达了终将获得赏识重用的自信和豪迈。

经典名句

十年磨一剑，霜刃未曾试。

诵读指引

这首诗语句短小，但意味深长。诵读时要注意铿锵有力，表现作者的豪迈气概。读准每个字音，韵脚字“试”“事”要读得饱满。最后一句的“谁”字要拉长，在其他字的长短上可有所区别。

剑客

十年/磨/一剑，（“十”和“一”对比，重读，上行语势）
霜刃/未曾/试。（“未曾”重读，下行语势）
今日/把示/君，（“把示”重读，平行语势）
谁有/不平/事？（“谁”“不平”重读，“谁”字延长，读出疑问语气）

苔[1]

tái

J－5

（清）袁枚

白日[2]不到处[3]，

青春[4]恰[5]自来。（qià）

苔花如[6]米小，

也学牡丹[7]开。（mǔ dān）

（绘图：2018级印度尼西亚学生　陈佳燕）

词语解释

［1］苔（xiǎn）：苔藓，贴着地面生长的一种植物。
［2］白日：太阳。
［3］处：地方。
［4］青春：指富有生机的绿色。
［5］恰：正好。
［6］如：像。
［7］牡丹：中国的国花，花型富丽，颜色丰富，常在四月开放。

古诗今译

阳光照耀不到的地方，青苔的青春绿色也照样自己生长出来。苔花虽然像米粒一样小，但依然学高贵的牡丹那样自豪地盛开。

作者简介

袁　枚

字、号：字子才，号简斋，晚年自号仓山居士、随园主人、随园老人
籍贯：钱塘（今浙江杭州）
生卒年：1716—1797
身份：乾隆四年（1739）进士，曾任县令，清代诗人、散文家、文学批评家、美食家
获荣誉称号：与赵翼、蒋士铨合称“乾隆三大家”；倡“性灵说”，与赵翼、张问陶并称“性灵派三大家”；“清代骈文八大家”之一；文笔与大学士纪昀齐名，时称“南袁北纪”
代表作：诗作《所见》等；文集《小仓山房文集》《随园诗话》《随园食单》等；短篇小说集《子不语》《续子不语》等；散文《祭妹文》等

作品赏析

这是一首借物言志的诗。青苔生长在阳光照耀不到的地方，贴伏在地面上，看起来很渺小，可依然绿意盎然，像牡丹一样骄傲地盛开，充满自信。这首诗之所以能够感动我们，在于它传达了一种生命需要不断向上进取的力量——无论生长环境多么恶劣，都要自信自强，都要努力实现自身的人生价值。

经典名句

苔花如米小，也学牡丹开。

诵读指引

这首诗语句短小，但意味深长。诵读时读准每个字音，韵脚字“来”“开”要读得饱满。最后两句的“如米小”和“也学牡丹开”在语调的高低上可有所区别。

苔

白日/不到处，（“不”重读，上行语势）
青春/恰自来。（“恰”重读，平行语势）
苔花/如米小，（“小”重读，上行语势）
也学/牡丹开。（“牡丹开”三个字，一字一顿，平行语势）

wàng lú pù bù

望庐山瀑布

J-6

（唐）李白

lú zǐ
日照香炉[1]生紫烟[2]，

chuān
遥看[3]瀑布挂[4]前川[5]。

飞流直[6]下三千尺[7]，

yí yín luò
疑[8]是银河[9]落九天[10]。

（绘图：2018 级印度尼西亚学生　谢承良）

词语解释

［1］香炉：指香炉峰，在江西九江的庐山，因山峰呈尖圆形，像一个香炉而得名。
［2］紫烟：指水气在阳光照射下形成的紫色烟雾。
［3］遥看：从远处看。
［4］挂：悬挂。
［5］川：河流，这里指瀑布。
［6］直：笔直。
［7］三千尺：形容山高。这里是夸张的说法，不是准确的数字。
［8］疑：怀疑。
［9］银河：天上的星河。中国古代的有些神话传说和银河有关，比如牛郎织女。
［10］九天：天空最高处，极言天高。

古诗今译

阳光照射在香炉峰上，山顶生起紫色的烟霞，远看瀑布好像白色的绢绸挂在山前。瀑布飞跃直下好像有几千尺长，让人怀疑是天上的银河落到了人间。

作者简介

李　白

字、号：字太白，号青莲居士

籍贯：陇西成纪（今甘肃秦安）

生卒年：701—762

身份：唐代浪漫主义诗人

获荣誉称号：“诗仙”

代表作：《静夜思》《望庐山瀑布》《行路难三首》《蜀道难》《将进酒》等

作品赏析

这是一首以写景为主的七言绝句。运用奇特的想象、大胆的夸张是李白这首诗最大的特点。全诗从“远望”这个角度来写，首先写远望瀑布所在的香炉峰，在阳光照耀下烟气缭绕，仿佛仙境一般，诗人用了动词“生”而不是“升”，表现烟雾云霞的连绵不断。第三句还是远望瀑布，写水势的迅猛。诗人感叹瀑布之高、之长，不禁发出“三千尺”的惊呼，甚至怀疑是天上的银河落到了人间吧。

经典名句

飞流直下三千尺，疑是银河落九天。

诵读指引

这首诗描写壮观的庐山瀑布，诵读时要有身临其境之感，想象自己和诗人一样，远望着飞流直下的瀑布。对“三千尺”“落九天”等字词可做适当的重音强调。

望庐山瀑布

日照/香炉/生紫烟，（“生”重读，上行语势）

遥看/瀑布/挂前川。（“挂”重读，下行语势）

飞流/直下/三千尺，（语速转快，“三千尺”重读，上行语势，读出瀑布飞流直下的气势）

疑是/银河/落九天。（语速转慢，“落”重读，“落九天”声音延长，下行语势）

夏日绝句

J－7

（宋）李清照

生当作人杰[1]，

死亦（yì）[2]为[3]鬼雄（xióng）[4]。

至今思项（xiàng）羽[5]，

不肯过江东[6]。

（绘图：暨南大学华文学院华文教育系教师　王琪阳）

词语解释

[1] 人杰：人中豪杰。
[2] 亦：也。
[3] 为：做，当。
[4] 鬼雄：鬼中的英雄。

［5］项羽：秦末反抗秦朝暴政的英雄，自立为西楚霸王，与刘邦争夺天下，在垓（gāi）下之战中兵败自杀。

［6］江东：长江以南，是项羽当初起兵抗秦的地方。

古诗今译

活着就要当人中的豪杰，死了也要做鬼中的英雄。到现在我还钦佩着项羽，因为他不肯忍辱偷生地回到江东。

作者简介

李清照

字、号：号易安居士

籍贯：齐州章丘（今山东济南章丘）

生卒年：1084—1155

身份：宋代词人

获荣誉称号：婉约词派代表，“千古第一才女”

代表作：词作《声声慢·寻寻觅觅》《一剪梅·红藕香残玉簟秋》；
诗作《夏日绝句》等；《易安居士文集》；词集《漱玉词》

作品赏析

诗人在经过乌江时，想到了当年在这里自刎而死的英雄项羽，写下了这首诗。诗歌前两句高度赞扬了项羽一生的行为，后两句又点明了自己钦慕项羽的原因：不怕死，战斗到底。李清照在这首诗中高度赞扬了项羽宁死不屈的斗争精神，赞赏他不肯苟活人世的气节，也表明了李清照的人生态度——人生一世，就应该活得有尊严、有气节，生为人杰，死为鬼雄。

结合当时的时代背景，这首诗正是在借古讽今，讽刺那些一味逃跑、毫无斗争意志的南宋统治者。

经典名句

生当作人杰，死亦为鬼雄。

诵读指引

这首诗虽然短小，但立意很高，诵读时要体会诗歌所推崇的英雄气概。前两句慷慨激昂，后两句语调略转平缓，但“不肯”二字的读音可做强调。

夏日绝句

生当/作人杰，（“生”重读，上行语势）
死亦/为鬼雄。（“死”重读，平行语势，读出豪迈气势）
至今/思项羽，（“思”重读，平缓沉重，上行语势）
不肯/过江东。（“过”重读，缓慢，平行语势）

xún yǐn zhě bú yù

寻[1]隐者[2]不遇[3]

J－8

（唐）贾岛

松下问童子[4]，
言[5]师采药去。
只在此山中，
云深[6]不知处[7]。

（绘图：2018级泰国学生　赵舒畅）

词语解释

［1］寻：寻找，访问。

［2］隐者：就是隐士，指古代那些有才能却不肯去做官而住在山野中的人。隐，就是藏的意思。

［3］不遇：没能遇到，没能见到。

［4］童子：小孩。这里是指“隐者”的弟子。
［5］言：说。
［6］云深：山高，云雾浓。
［7］处：行踪。

古诗今译

我来到松树下问学童，他说师傅去山中采药了，就在这座大山里，可是山中林深云密，无从知晓他的行踪。

作者简介

贾　岛

字、号：字阆仙，自号碣石山人

籍贯：幽州范阳（今河北涿州）

生卒年：779—843

身份：唐代诗人

获荣誉称号：“诗奴”，与孟郊合称“郊寒岛瘦”

代表作：诗作《题李凝幽居》《戏赠友人》等；《长江集》

作品赏析

这是一首五言绝句，只有二十字，内容却非常丰富。诗人写他去山中拜访朋友却没有遇上的情景，采用了寓问于答的手法，只说“松下问童子”，并没有说问什么，而童子的回答“言师采药去”就显示了问题。另外，环境的描写也含有深意，“松”和“云”不仅体现了环境的优美，而且在中国传统文化中分别代表了风骨与高洁，同时表达了诗人对隐者的羡慕和敬仰之情。

经典名句

只在此山中，云深不知处。

诵读指引

这首诗虽然短小，但立意很高，诵读时要体会诗歌所推崇的飘逸、出世情怀，前两句平淡写实，后两句是思索和发挥，最后一句有羡慕和惆怅意味，在“不知处”三字的读音上可做强调。

寻隐者不遇

松下/问/童子，（“问”重读，上行语势）
言师/采药/去。（“采”重读，平行语势）
只在/此山/中，（“此”重读，平缓，平行语势）
云深/不/知处。（“不”重读，缓慢，下行语势）

qīng míng

清　明[1]

J－9

（唐）杜牧

清明时节雨纷纷[2]，
路上行人欲[3]断魂[4]。
借问[5]酒家何处有？
牧童遥指杏花村[6]。

（绘图：2018 级印度尼西亚学生　黄碧素）

词语解释

［1］清明：二十四节气之一，在公历 4 月 5 日前后。按照古时候的习俗，清明节当天有扫墓、踏青、插柳等活动。

［2］纷纷：形容很多。

［3］欲：好像。

［4］断魂：灵魂像要与身体分开了一样，形容神情凄迷，烦闷不乐。

［5］借问：请问。向人打听情况时的客气话。

［6］杏花村：杏花深处的村庄。受这首诗的影响，后来中国人喜欢用“杏花村”作为酒店名。

古诗今译

清明节这天细雨纷纷飘洒，路上行人好像断魂一样心情凄凉。问一声哪里才有酒家，骑在牛背上的牧童指了指远处的杏花村。

作者简介

杜　牧

字、号：字牧之，号樊川居士，后世又称他为“杜樊川”

籍贯：京兆万年（今陕西西安）

生卒年：803—852

身份：唐代诗人

获荣誉称号：创晚唐诗歌高峰，与李商隐合称“小李杜”

代表作：《赤壁》《过华清宫绝句三首》《泊秦淮》《清明》《江南春》等

作品赏析

清明节对于中国人来说是一个特殊的节日，按照传统，大家都要为已过世的亲人扫墓上坟。然而，离家在外的诗人却无法回去给祖先扫墓，而是孤零零地奔波在异乡；这时，天阴下雨，面对眼前这景象，再看看身上的湿衣服，诗人顿时感到情绪低落，简直就像要断了魂一样！想找个酒家避雨、暖身、消愁，可哪里有酒家呢？诗人向路旁的牧童打听，牧童用手指向远处的杏花村酒楼。

这首小诗，语言平实亲切，但情景交融，意境优美，饶有兴味，令人回味无穷。

经典名句

借问酒家何处有？牧童遥指杏花村。

诵读指引

这首七言绝句虽然短小，但立意很高，诵读时要体会诗歌所表现的忧伤、孤独的情绪，第一句写实，第二句直抒胸臆，后两句把情绪收住，最后一句的情绪又落实在平实的事物上，在“何处有”三字的读音上可做强调。

清明

清明/时节/雨纷纷，（“雨”重读，上行语势）

路上/行人/欲断魂。（“欲”重读，“欲断魂”语速缓，平行语势，读出情绪低落忧伤之感）

借问/酒家/何处有？（“何”重读，平缓，上行语势）

牧童/遥指/杏花村。（“杏花村”三字语速缓慢，下行语势）

zhú zhī
竹枝词二首[1] 其一

J－10

（唐）刘禹锡

杨柳青青江水平，
闻郎江上踏歌声。
东边日出西边雨，
道是无晴却有晴[2]。

（绘图：2018级印度尼西亚学生　陈佳燕）

词语解释

[1] 竹枝词：又名《竹枝》，原是古代四川东部的一种民歌，后来被收入乐府。唐代诗人刘禹锡在四川做官时非常喜爱这种民歌，于是采用它的曲谱，创作了新的《竹枝词》。

[2] 晴：与“情”同音，这里采用了谐音双关的手法，表面上说天气，实际上是说歌声听上去“无情”，却又好像“有情”，让人猜不透。

古诗今译

杨柳青青，江水宽又平，听见情郎在江上唱歌。东边出太阳，西边却在下雨，这天气说它不是晴天却又还有晴的时候。

作者简介

刘禹锡

字、号：字梦得

籍贯：河南洛阳

生卒年：772—842

身份：唐代文学家、哲学家、政治家

获荣誉称号：“诗豪”；与柳宗元并称“刘柳”；与韦应物、白居易合称“三杰”；与白居易合称“刘白”

代表作：词作《陋室铭》等；诗作《乌衣巷》《竹枝词》《柳枝词》等；《刘梦得文集》

作品赏析

这是一个风和日丽的春日，江边上杨柳依依，江上风平浪静，江面上忽然传来了心上人的歌声，这歌声让姑娘在心里琢磨，他对自己到底是有情还是无情？就像那捉摸不定的天气一样，说它是晴天吧，西边却下着雨；说它是雨天吧，东边却又出着太阳。让她既满怀希望，又心存疑虑。

这首诗模拟民间情歌的惯用手法，“道是无晴却有晴”一句，以谐音双关的手法，把天“晴”和感“情”联系起来，表现初恋少女的小心思。诗歌吸收了民歌轻快活泼的风格，语言通俗平易，清新淳朴，惹人喜爱。

经典名句

东边日出西边雨，道是无晴却有晴。

诵读指引

这首七言绝句轻松俏皮，清新淳朴，诵读时要体会诗歌中谐音的暗示。第一、二句平淡写实，后两句点明主旨，最后一句可做强调。

竹枝词二首·其一

杨柳/青青/江水平，（“江”重读，上行语势）
闻郎/江上/踏歌声。（“踏”重读，平行语势）
东边/日出/西边雨，（“西边雨”重读，平缓，上行语势）
道是/无晴/却有晴。（“却”重读，“却有晴”三字语速缓慢，下行语势）

游子[1]吟(yín)

J－11

（唐）孟郊

慈母手中线，
游子身上衣。
临行[2]密密缝(féng)，
意恐(kǒng)[3]迟迟归[4]。
谁言[5]寸草[6]心[7]，
报得[8]三春[9]晖(huī)[10]。

（绘图：2018 级马来西亚学生　林学瑾）

词语解释

［1］游子：指远游旅居的人，在本诗中指诗人自己。
［2］临行：将要远行。
［3］意恐：担心。
［4］归：回家。
［5］谁言：谁说。
［6］寸草：小草，比喻子女。
［7］心：既指草木的茎，也指儿女的心意，一语双关。
［8］报得：报答。
［9］三春：旧称农历正月为孟春，二月为仲春，三月为季春，合称三春。
［10］晖：阳光，形容母爱如春天里温暖、和煦的阳光照耀着子女。

古诗今译

慈祥的母亲手里握着针线，为即将远游的孩子缝制衣服。临行前一针针密密地缝制着，担心孩子很久以后才能回来。谁说子女像小草那样微弱的心意，可以报答得了像三春阳光那样的慈母恩情？

作者简介

孟　郊

字、号：字东野

籍贯：湖州武康（今浙江德清），祖籍平昌（今山东临邑）

生卒年：751—814

身份：唐代诗人

获荣誉称号：“诗囚”，又与贾岛齐名，人称“郊寒岛瘦”

代表作：诗作《游子吟》《登科后》等；《孟东野诗集》

作品赏析

这是一首歌颂伟大母爱的诗。语言非常朴实，情感内蕴。诗开头两句用“线”和“衣”，将“慈母”和“游子”紧密联系在一起，写出骨肉亲情。第三、四句“密密缝”和“迟迟归”，通过动作和心理描写，表达了母亲对远游孩子的不舍和担忧。这四句通过对日常生活小事的描写，把慈母的形象刻画得真切动人。最后两句直抒胸臆，儿女像小草，母爱像春光，儿女远远不能报答母亲的恩情，表达了对母亲的感激和尊敬。这首诗歌颂了母爱的伟大无私，千百年来引起无数人的共鸣。

经典名句

谁言寸草心，报得三春晖。

诵读指引

这首五言诗虽然形式短小，内容朴实，但感情真挚，立意很高，诵读时要体会诗歌所表现的真诚，第一、二句平淡写实，第三、四句有着感情的深入过程，结尾两句直抒胸臆，把情感抒发了出来，最后一句可做强调。

游子吟

慈母/手中线，（“手”重读，平行语势）
游子/身上衣。（“身”重读，平行语势）
临行/密密/缝，（“密密”重读，上行语势）
意恐/迟迟/归。（“迟迟”重读，下行语势）
谁言/寸草心，（“寸”重读，拖长，上行语势）
报得/三春晖。（“三”重读，拖长，下行语势）

明日歌

J－12

（明）钱福

（绘图：2018 级印度尼西亚学生　黄碧素）

明日复[1]明日，

明日何其[2]多。

我生待[3]明日，

万事成蹉跎[4]。

（cuō tuó）

lěi
世人若[5]被明日累[6]，
春去秋来老将至。
朝看水东流，
mù　　　　zhuì
暮[7]看日西坠[8]。
百年明日能几何[9]？
请君[10]听我明日歌。

词语解释

［1］复：又。
［2］何其：多么。
［3］待：等待。
［4］蹉跎：虚度光阴。
［5］若：又作“苦”。
［6］累：所累。
［7］暮：傍晚。
［8］坠：坠落。
［9］几何：多少。
［10］请君：请您。

古诗今译

明天又明天，明天有很多。但如果天天都空等明天，那么只会虚度光阴，一事无成。世人和我一样辛苦地被明天所累，一年年过去，人就会老去。早晨看水向东流，傍晚看太阳西落。人生能有多少个明天呢？请您听我的《明日歌》。

作者简介

钱　福

字、号：字与谦，自号鹤滩

籍贯：南直隶松江府华亭（今上海松江）

生卒年：1461—1504

身份：明代诗人

代表作：《明日歌》《蹴鞠》；《鹤滩集》

作品赏析

这首诗语言简洁明了，说理性强。诗人告诫世人要珍惜当下每一天，只有抓住今天，才能活好明天，才能有所作为。“明日复明日”“万事成蹉跎”，只简单重复混日子，必将一事无成，追悔莫及。

经典名句

明日复明日，明日何其多。
我生待明日，万事成蹉跎。

诵读指引

这首诗虽然形式短小，语言朴实，但积极向上、立意很高，诵读时要体会诗歌所表现的乐观和进取的精神。

明日歌

明日 /复 /明日，（“复”重读，上行语势）
明日/何其/多。（下行语势）
我生/待/明日，（“待”重读，上行语势）
万事/成/蹉跎。（“蹉跎”重读，下行语势）
世人/若被/明日/累，（“明日”重读，平行语势）
春去/秋来/老将至。（“老”重读，平行语势）
朝看/水/东流，（“水”重读，上行语势）
暮看/日/西坠。（“日”重读，下行语势）
百年/明日/能几何？（“明日”重读，上行语势）
请君/听我/明日歌。（平行语势）

xīn jià niáng

新嫁娘

J－13

（唐）王建

三日[1]入厨下[2]，

gēng

洗手作羹[3]汤。

ān

未谙[4]姑[5]食性[6]，

qiǎn

先遣[7]小姑[8]尝。

（绘图：2018 级泰国学生　陈青美）

词语解释

［1］三日：古代新媳妇进门三天后要下厨房做饭菜。
［2］厨下：厨房。
［3］羹：浓稠的菜汤。
［4］未谙：不熟悉。
［5］姑：婆婆。
［6］食性：口味。
［7］遣：让。
［8］小姑：丈夫的妹妹。

古诗今译

新婚三天后，新媳妇下厨。洗干净手，做菜肴。不熟悉婆婆的口味，就让小姑子先尝一尝。

作者简介

王　建

字、号：字仲初

籍贯：许州颍川（今河南许昌）

生卒年：765—830

身份：唐代诗人

获荣誉称号：在乐府诗成就上与张籍齐名，世称“张王乐府”

代表作：诗作《田家行》《水夫谣》《羽林行》《射虎行》《古从军》等；《王建诗集》《王建诗》《王司马集》等

作品赏析

这首诗用白描手法描述了古代新媳妇的日常生活状态。首句交代新婚习俗。次句写下厨前洗干净手，表现新媳妇的细致和谨慎。后两句写做好后担心不合婆婆口味，就请小姑子先试一试味道，或许小姑子会知道婆婆的口味，或者她们的口味会比较一致，表现新媳妇的细致和聪明。

经典名句

三日入厨下，洗手作羹汤。

诵读指引

这首诗语句短小，内容朴实，但富有言外之意。诵读时要注意语势的变化，表现新媳妇的细致和聪明。读准每个字音，押韵的“汤”“尝”两个字要读得清晰。最后一句的“先遣”两个字要拉长，在其他字的长短上可有所区别。

新嫁娘

三日/入/厨下，（“入”重读，拉长，上行语势）
洗手/作/羹汤。（“作”重读，拉长，下行语势）
未谙/姑/食性，（“姑”重读，平行语势）
先遣/小姑/尝。（“小姑”重读，拉长，平行语势）

nán

江南曲[1]

J－14

（唐）李益

qú táng gǔ
嫁得瞿塘[2]贾[3]，

qiè
朝朝误妾期。

cháo
早知潮有信[4]，
嫁与弄潮儿[5]。

（绘图：2018级印度尼西亚学生　陈佳燕）

词语解释

［1］江南曲：古代歌曲名。
［2］瞿塘：指瞿塘峡，长江三峡之一。
［3］贾：商人。
［4］潮有信：潮水涨落有一定的规律和时间。
［5］弄潮儿：潮水上涨时戏水的人或乘船入江的人。

古诗今译

自从嫁给瞿塘商人，他经常错过我们相会的日子。早知道潮水涨落这么守时，我当初就该嫁给弄潮的人。

作者简介

李益

字、号：字君虞

籍贯：陇西姑臧（今甘肃武威）

生卒年：约 750—约 830

身份：唐代边塞诗人

代表作：诗作《喜见外弟又言别》《夜上受降城闻笛》等；《李益集》等

作品赏析

这是一首闺（guī）怨诗。诗歌用白描手法描写了商人妻子怨恨丈夫的心声。唐朝商业发达，经商的人常年出门在外，不能回家。家里的妇人思念丈夫，久而久之心生怨恨，甚至后悔不已。前两句用简单的语言描绘出独守空闺的少妇孤寂苦闷的生活事实。后两句由怨恨转写悔恨，“早知”二字写出思妇盼与悔的矛盾心理。诗歌语言平实，又耐人寻味，反映一种普遍的社会现实。

经典名句

早知潮有信，嫁与弄潮儿。

诵读指引

这首诗语句短小，内容朴实，但富有言外之意。诵读时要注意语势的变化，表现思妇的幽怨与悔恨之意。每个字音要读准，要读得清晰。最后一句的“嫁与”两字要拉长，在其他字的长短上可有所区别。

江南曲

嫁得/瞿塘贾，（“嫁”重读，平行语势）
朝朝/误/妾期。（“误”重读，拉长，下行语势）
早知/潮/有信，（“潮”重读，拉长，上行语势）
嫁与/弄潮儿。（“弄”重读，拉长，下行语势）

《增广贤文》节选

zēng xián

J－15

tài
人心齐，泰山移。

gū zhǎng
独脚难行，孤掌[1]难鸣。

水涨船高，柴多火旺。

三个臭皮匠，赛过诸葛亮。

qì
一块砖头砌[2]不成墙，一根木头盖不成房。

lí ba zhuāng
一个篱笆[3]三个桩，一个好汉三个帮。

chě
一根竹竿容易弯，三根麻绳难扯断。

一花独放[4]不是春，万紫千红[5]春满园。

（绘图：2018 级蒙古学生　温佳丽）

词语解释

［1］孤掌：一个手掌。
［2］砌：修建。
［3］篱笆：栅栏、护栏，用来保护院子。
［4］一花独放：只有一朵花孤独地开放。
［5］万紫千红：形容百花齐放，色彩艳丽。

古文今译

人齐心协力，连泰山都能移动。一只脚走不成路，一个手掌拍不响。水多船就高，柴多火就旺盛。三个普通人的智慧合起来能顶一个诸葛亮。一块砖头不能砌成墙，一根木头不能盖房子。一个篱笆有三个桩子，一个好汉还有三个帮手。一根竹竿容易弯，三根麻绳不容易扯断。一朵花独自绽放构不成春景，只有百花齐放才代表春天。

作品赏析

这段韵文选自《增广贤文》，又名《古今贤文》，是中国古代儿童启蒙书目之一。《增广贤文》以有韵的谚语和文献佳句选编而成，其内容十分广泛，从礼仪道德、典章制度到风物典故、天文地理，几乎无所不含，但中心是讲人生哲学、处世之道。其中一些谚语、俗语反映了中华民族千百年来形成的勤劳朴实、吃苦耐劳的优良传统，内容上多教导为人处事等社会公德，亲切朴实，且语句通顺易懂。

这段韵文都是讲人与人之间的合作的，用各种生动形象的比喻说明了团结合作的重要性。

经典名句

一个篱笆三个桩，一个好汉三个帮。

诵读指引

《增广贤文》的语言具有一定的口语色彩，每一行都前后对应，大部分格式工整，行内押韵，朗读的时候要注意把这种工整、对应所产生的节奏感和音乐性读出来。

《增广贤文》节选

人心/齐，泰山/移。
独脚/难行，孤掌/难鸣。
水涨/船高，柴多/火旺。
三个/臭皮匠，赛过/诸葛亮。
一块/砖头/砌不成/墙，一根/木头/盖不成/房。
一个/篱笆/三个/桩，一个/好汉/三个/帮。
一根/竹竿/容易/弯，三根/麻绳/难扯断。
一花独放/不是/春，万紫千红/春/满园。

dīān dǎo

颠倒[1]歌（一）

J－16

东西街，南北走，
出门遇到人咬狗。
拿起狗来打砖头，
又怕砖头[2]咬我手。

（绘图：2018 级老挝学生　宋美珠）

词语解释

［1］颠倒：上下、前后跟原有的或应有的位置相反。
［2］砖头：建房子等用的一种长方体石料，常用黏土烧制而成。

作品赏析

这是流传在中国北方地区的颠倒歌，内容简单但荒诞，格式整齐并且每一句都押韵，读起来富有节奏感和音乐性，其趣味性给人留下深刻印象。

诵读指引

《颠倒歌》在北方地区以口头的形式流传，虽然工整，但具有强烈的口语色彩，每行押韵。朗读的时候，每行最后一个字“走”“狗”“头”和“手”发音要饱满响亮，停顿的时候要有跳跃性。

颠倒歌（一）

东西/街，南北/走，
出门/遇到/人咬狗。
拿起/狗来/打砖头，
又怕/砖头/咬我手。

sì

山里有个寺[1]

J－17

山里有个寺，山外有个市，
弟子三十三，师父[2]四十四。
三十三的弟子在寺里练写字，
四十四的师父到市里去办事。
三十三的弟子用了四十四小时，
四十四的师父走了三十三里地。
走了三十三里地就办了四十四件事，
用了四十四小时才写了三十三个字。

（绘图：2018 级印度尼西亚学生　黄碧素）

词语解释

［1］寺：佛教的庙宇。
［2］师父：对和尚、尼姑、道士的尊称。

作品赏析

这是流传在中国北方地区的绕口令，重点是对“寺”和“市”、“四”和“十”、“字”和“事”等字的发音准确性的练习，句子越来越长，难度越来越大，但句句押韵，且长句中每一句都会重复前一句的部分内容，读起来富有节奏感和音乐性，而且内容诙谐，其趣味性给人留下深刻印象。

诵读指引

这首绕口令的朗读重点在于练习平舌音和翘舌音的发音，在朗读的时候，有三个注意要点：①“寺”“市”“十”“四”“事”“字”等字的声母要读标准；②要注意节奏和停顿；③可以适当地加快速度，培养语感。

山里有个寺

山里/有个/寺，山外/有个/市，
弟子/三十三，师父/四十四。
三十三的弟子/在寺里/练写字，
四十四的师父/到市里/去办事。
三十三的弟子/用了/四十四小时，
四十四的师父/走了/三十三里地。
走了三十三里地/就/办了四十四件事，
用了四十四小时/才/写了三十三个字。

xiàng xíng zì zhēn qí miào

象形字真奇妙

J－18

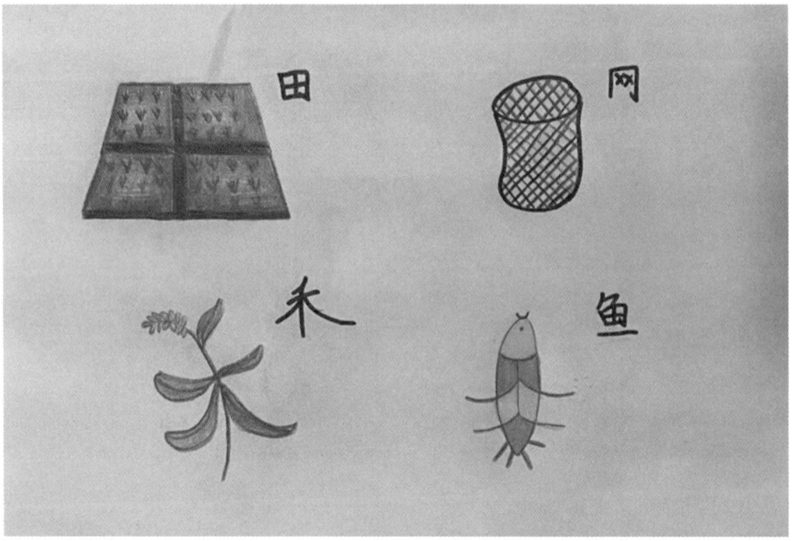

（绘图：2018级泰国学生　赵舒畅）

象形字，真奇妙，
模仿形状把字造。
画棵小树就是木，
禾像田里小苗苗。
江上小船就是舟，
车像轮子往前跑。
造个网字像渔网，
画把勺子就是勺。
河中水泼就是川（chuān）[1]，

泉如清水向外冒[2]（mào）。
古人写鱼画条鱼，
燕是空中一飞鸟。

词语解释

[1] 川：河流，水道。
[2] 冒：透出；往上升。

作品赏析

这首儿歌句式整齐，形象而有趣味，读起来朗朗上口。整首儿歌用常见的画面表达汉字的造字规律，让儿童感知字与实物的联系，发现这其中存在的规律，从而让儿童理解象形字的由来，在加强对字形记忆的同时帮助理解字义，从而达到对汉字强化识记的目的。

诵读指引

这首儿歌句式整齐，形式灵活，有的句子中间押韵，而有的不押。在朗读的时候，押韵的字要重读，节奏点要略作停顿。

象形字真奇妙

象形字，真奇妙，
模仿/形状/把字造。
画棵/小树/就是木，
禾像/田里/小苗苗。
江上/小船/就是舟，
车像/轮子/往前跑。
造个/网字/像渔网，
画把/勺子/就是勺。
河中/水波/就是川，
泉如/清水/向外冒。
古人/写鱼/画条鱼，
燕是/空中/一飞鸟。

颠倒歌（二）

J－19

太阳从西往东落，
听我唱个颠倒歌。
天上打雷没有响，
gǔn
地上石头滚上坡。
luò tuó
江里骆驼[1]会下蛋，
lǐ
山上鲤鱼搭成窝。
yán
腊月炎热[2]直流汗，
duō suo
六月寒冷打哆嗦[3]。
妹照镜子头梳手，
lǘ tuó
门外口袋把驴驮[4]。

（绘图：2018 级老挝学生　宋美珠）

词语解释

［1］骆驼：生活在沙漠里的一种动物。
［2］炎热：天气非常热。
［3］哆嗦：身体不由自主地发抖。
［4］驮：把东西扛在背上。

作品赏析

这是流传在北京、山东和河南等地的颠倒歌，用趣味的方法把事物之间的关系颠倒过来，内容简单但荒诞，格式整齐并且每一句都押韵，读起来富有节奏感和音乐性，其趣味性给人留下深刻的印象。

诵读指引

这首《颠倒歌》比较长，节奏较为工整，有一定的音乐性。朗读的时候，要注意停顿和跳跃性，表达趣味性和愉悦的心情。

颠倒歌（二）

太阳/从西/往东落，
听我/唱个/颠倒歌。
天上/打雷/没有响，
地上/石头/滚上坡。
江里/骆驼/会下蛋，
山上/鲤鱼/搭成窝。
腊月/炎热/直流汗，
六月/寒冷/打哆嗦。
妹照/镜子/头梳手，
门外/口袋/把驴驮。

十二月歌

J－20

（绘图：2018 级泰国学生　翁拉旺）

　　　　wǔ
正月新春舞龙灯，
二月郊外[1]放风筝，
　　　　yáng liǔ
三月清明杨柳[2]绿，
　　mǔ dān
四月牡丹花正红，
五月端午赛龙舟，
六月荷花满池塘，
七月牛郎会织女，
八月中秋桂花香，
　　　　　chóng yáng
九月登高过重阳[3]，
　　　　jú
十月满园橘子黄，

冬月大雪压青松，

腊月梅花傲[4]（ào）冰霜。

词语解释

［1］郊外：城外。
［2］杨柳：杨树和柳树。
［3］重阳：中国农历的九月初九，俗称重阳节，登高望远是此节日习俗之一。
［4］傲：骄傲，这里的傲也有藐视、不屈之意。

作品赏析

这是流传在中国黄河流域的关于时序的童谣，童谣选取了每个月最有代表性的民间活动或最有特色的植物来帮助儿童认识、了解和记忆这个月的特点，内容贴近现实生活，其趣味性给人留下深刻的印象。

经典名句

八月中秋桂花香，九月登高过重阳，十月满园橘子黄，冬月大雪压青松，腊月梅花傲冰霜。

诵读指引

这首《十二月歌》节奏较为灵活，“灯”“筝”“红”“塘”“香”“阳”“黄”“松”“霜”押韵，有一定的音乐性。朗读的时候，要注意停顿和跳跃性，表达趣味性和愉悦的心情。

十二月歌

正月/新春/舞龙灯，
二月/郊外/放风筝，
三月/清明/杨柳/绿，
四月/牡丹/花正/红，

五月/端午/赛/龙舟，
六月/荷花/满/池塘，
七月/牛郎/会/织女，
八月/中秋/桂花香，
九月/登高/过重阳，
十月/满园/橘子黄，
冬月/大雪/压/青松，
腊月/梅花/傲/冰霜。

巩固篇

niǎo

鸟

G－1

（唐）白居易

谁道[1]群生性命微？
一般骨肉一般皮。
劝君莫[2]打枝头鸟，
cháo
子[3]在巢中望[4]母归。

（绘图：2018级泰国学生　陈子琦）

词语解释

［1］道：说。
［2］莫：不要。
［3］子：这里指幼鸟。
［4］望：盼望。

古诗今译

谁说小鸟的生命微不足道？它们与所有的生命一样都是有血有肉的。我劝你们不要打枝头上的鸟儿，因为幼鸟正在巢中盼望着母亲回来。

作者简介

白居易

字、号：字乐天，号香山居士，又号醉吟先生

籍贯：山西太原

生卒年：772—846

身份：唐代现实主义诗人、翰林学士

获荣誉称号：“诗魔”“诗王”

代表作：《长恨歌》《琵琶行》《卖炭翁》等

作品赏析

《鸟》是唐代诗人白居易创作的一首七言绝句。白居易在诗中发出劝诫之声，劝导人们爱惜鸟类，表现诗人的博爱之心。同时诗歌将鸟比作人，都一样有血有肉，都是母子情深，都是平等的生命。

经典名句

劝君莫打枝头鸟，子在巢中望母归。

诵读指引

白居易的诗歌具有语言浅显、内容易懂的特点。这首诗节奏工整，用词非常口语化，朗读时注意不要太夸张，要平缓轻松，不要有太大的起伏和跳跃。

鸟

谁道/群生/性命/微？（“微”重读，上行语势，读出反问语气）
一般/骨肉/一般/皮。（平行语势）
劝君/莫打/枝头/鸟，（“鸟”重读，上行语势）
子在/巢中/望母/归。（“望母”重读，“望母归”速度放缓，下行语势）

yǒng

咏 柳

G-2

（唐）贺知章

bì　　zhuāng
碧玉[1]妆[2]成一树[3]高，

　　chuí　　　　tāo
万[4]条垂下绿丝绦[5]。

　　　　　cái
不知细叶谁裁[6]出，

　　　　　jiǎn
二月春风似[7]剪刀。

（绘图：2018级印度尼西亚学生　黄碧素）

词语解释

［1］碧玉：碧绿色的玉。这里用来比喻春天嫩绿的柳叶。
［2］妆：装饰，打扮。
［3］一树：满树。一：满，全。
［4］万：表示很多的意思。
［5］绦：用丝编成的绳带。这里指像丝带一样的柳条。
［6］裁：剪，裁剪。
［7］似：如同，好像。

古诗今译

高高的柳树长满了翠绿的新叶，轻柔的柳枝垂下来，就像万条轻轻飘动的绿色丝带。这细细的嫩叶是谁的巧手裁剪出来的呢？原来是那二月里温暖的春风，它就像一把灵巧的剪刀。

作者简介

贺知章

字、号：字季真，自号“四明狂客”

籍贯：越州永兴（今浙江萧山）

生卒年：659—约744

身份：唐代诗人、书法家

获荣誉称号：“吴中四士”之一、“饮中八仙”之一

代表作：《咏柳》《回乡偶书二首》等

作品赏析

这是一首咏物诗，通过赞美柳树，表达了诗人对春天的无限热爱。

诗的前三句都是描写柳树的。第一句用“碧玉”形容柳树的翠绿，突出它的颜色美。第二句写柳枝的轻柔美。第三句写柳叶的形态美。三句诗分写柳树的各个部位，句句有特点。而第三句又与第四句一问一答，由柳树巧妙地过渡到春风，说裁出这些细巧柳叶的，当然也能裁出嫩绿鲜红的花花草草。它是春的创造力的象征。这首诗就是通过赞美柳树，进而赞美春天，讴歌自然的无限创造力。

经典名句

不知细叶谁裁出，二月春风似剪刀。

诵读指引

这首诗通过对景物的描写，抒发了诗人对春天的喜爱和赞美，诗歌表现一种非常轻盈的活力。朗读的时候，要轻快、流畅，“高”“绦”“刀”押韵，注意应读得声韵饱满。

咏柳

碧玉/妆成/一树高，（“一”重读，平行语势）
万条/垂下/绿丝绦。（“绿”重读，平行语势）
不知/细叶/谁裁出，（“谁”重读，上行语势，读出疑问语气）
二月/春风/似剪刀。（“似剪刀”重读，语速渐缓，平行语势）

diào
小儿垂钓

G－3

（唐）胡令能

péng　zhì　chuí lún
蓬头[1]稚子[2]学垂纶[3]，
méi　yìng
侧坐莓[4]苔[5]草映[6]身。
yáo
路人借问遥招手，
怕得鱼惊[7]不应[8]人。

（绘图：2018级印度尼西亚学生　黄碧素）

词语解释

［1］蓬头：头发蓬乱，这里形容小孩可爱。

měng
［2］稚子：年龄小的、懵懂的孩子。

［3］垂纶：钓鱼。纶：钓鱼用的丝线。
［4］莓：一种野草。
［5］苔：苔藓植物。
［6］映：遮映。
［7］鱼惊：鱼儿受到惊吓。
［8］应：回应，答应，理睬。

古诗今译

一个头发蓬乱、天真可爱的小孩在河边学钓鱼，侧着身子坐在草丛中，野草掩映了他的身影。听到有过路的人问路，小孩摆了摆手，生怕惊动了鱼儿，不敢回答。

作者简介

胡令能

字、号：人称“胡钉铰”

籍贯：圃田（今河南中牟）

生卒年：785—826

身份：唐代诗人

代表作：《王昭君》《喜韩少府见访》《小儿垂钓》等

作品赏析

《小儿垂钓》是一首以儿童生活为题材的诗作，描写孩子在水边聚精会神钓鱼的情景，通过神态和动作的描写，传神地再现了儿童那种认真、天真的童心和童趣。前两句着重写孩子的体貌，后两句着重写孩子的神情和动作，路人想问路，那孩子却只是“遥招手”，原来是怕惊了鱼而不敢说一句话，充满童趣。全诗清新活泼，形神兼备，描绘出一幅情景交融、童趣盎然的图画。

经典名句

路人借问遥招手，怕得鱼惊不应人。

诵读指引

这首诗通过描写儿童钓鱼的乡村生活，抒发了诗人对童趣的喜爱和赞美，诗歌表现了一种非常轻松、愉快的活力。朗读的时候，要轻快、流畅，“纶”“身”“人”押韵，注意应读得声韵饱满。

小儿垂钓

蓬头/稚子/学垂纶，（“学”重读，平行语势）
侧坐/莓苔/草映身。（“草”重读，平行语势）
路人/借问/遥招手，（“遥”重读，上行语势）
怕得/鱼惊/不应人。（“不”重读，平行语势）

gǔ lǎng

古朗月行

G－4

（唐）李白

（绘图：2018 级泰国学生　许勇明）

小时不识月，呼作[1]白玉盘[2]。

又疑[3]瑶台[4]镜，飞在青云端。

仙人垂两足[5]，桂(guì)树何团团[6]。

白兔捣(dǎo)药成，问言与谁餐[7]。

蟾蜍(chán chú)[8]蚀(shí)圆影[9]，大明夜已残(cán)。

羿(yì)[10]昔落九乌[11]，天人[12]清且安。

lún huò
阴精[13]此沦惑[14]，去去[15]不足观。
qī chuàng cuī
忧来其如何，凄怆[16]摧心肝。

词语解释

[1] 呼作：称为。
[2] 白玉盘：指白玉一样的盘子，形容晶莹剔透。
[3] 疑：怀疑。
[4] 瑶台：传说中神仙居住的地方。
[5] 仙人垂两足：月亮里有仙人和桂树。传说当月亮初升的时候，可看见仙人的两只脚，月亮渐渐圆起来，就看见仙人和桂树的全形。仙人：传说中驾月的车夫。
[6] 团团：圆圆的样子。
[7] 白兔捣药成，问言与谁餐：白兔老是忙着捣药，究竟是给谁吃呢？问言：问。言：语助词，无实意。与谁：给谁，一作“谁与”。
[8] 蟾蜍：传说月亮中有三条腿的蟾蜍，俗称癞蛤蟆。
[9] 圆影：指月亮。
[10] 羿：中国古代神话中射落九个太阳的英雄，也称后羿。
[11] 乌：太阳的代称，古代神话传说里太阳中央有三足乌。
[12] 天人：天上人间。
[13] 阴精：指月亮。《史记·天官书》：“月者，天地之阴，金之精也。”
[14] 沦惑：沉沦迷惑。
[15] 去去：远去，越去越远。
[16] 凄怆：悲愁伤感。

古诗今译

小时候不认识月亮，把它称为白玉盘。又怀疑是瑶台仙镜，飞在夜空青云之上。月中的仙人是垂着双脚吗？月中的桂树为什么长得圆圆的？白兔捣成的仙药，到底是给谁吃的呢？蟾蜍把圆月啃食得残缺不全，皎洁的月儿因此不再明亮。后羿射下了九个太阳，天上人间免却灾难，清明安宁。月亮因沦没而迷惑不清，没有什么可看的，不如远远走开吧。我心怀忧虑又不忍远去，凄惨悲伤让我肝肠寸断。

作者简介

李　白

字、号：字太白，号青莲居士

籍贯：陇西成纪（今甘肃秦安）

生卒年：701—762

身份：唐代浪漫主义诗人

获荣誉称号：“诗仙”

代表作：《静夜思》《望庐山瀑布》《行路难三首》《蜀道难》《将进酒》等

作品赏析

这是一首乐府诗。“朗月行”，是乐府古题，李白采用这个题目，故称“古朗月行”。诗人运用浪漫主义的创作方法，通过一个又一个新颖奇妙的想象，对神话传说进行巧妙的加工，以展现诗人起伏不平的感情。

诗中前四句写诗人在孩童时期对月亮稚气的认识，以“白玉盘”“瑶台镜”作比喻，生动地表现月亮的形状和月光的明亮可爱。“呼”“疑”这两个动词，传达了儿童的天真烂漫之态。然而好景不长，月亮渐渐地由圆圆的变成残缺的、明亮的变成阴暗的。接着诗人引出后羿射日的故事，既是为现实中缺少这样的英雄而感慨，也是希望能有这样的英雄来让人间免除灾难。

这首诗，有人认为是李白针对当时朝政黑暗的有感而发，以蟾蜍蚀月影射现实，说得十分委婉曲折。

经典名句

小时不识月，呼作白玉盘。

诵读指引

李白的这首乐府诗，语言简洁，但情感富于变化，从开始写儿童时代的天真烂漫到后来因月损夜残带来的忧郁沉重。朗读的时候要注意这种情感上的变化，前四句语气轻松平缓，多用平行语势，后四句沉重顿挫，多用下行语势。

古朗月行

小时/不识月，呼作/白玉盘。（“不”重读，平行语势）
又疑/瑶台镜，飞在/青云端。（下行语势）
仙人/垂两足，桂树/何团团。（“垂”“何”重读，下行语势）
白兔/捣药成，问言/与谁餐。（“谁”重读，读出询问语调）
蟾蜍/蚀圆影，大明/夜已残。（“蚀”“夜”重读，下行语势）
羿昔/落九乌，天人/清且安。（“落”“清”重读，平行语势）
阴精/此沦惑，去去/不足观。（下行语势）
忧来/其如何，凄怆/摧心肝。（“摧”重读，读出忧伤凄凉之感）

绝句四首其三

G-5

（唐）杜甫

两个黄鹂(lí)[1]鸣(míng)翠(cuì)柳，

一行(háng)白鹭(lù)[2]上青天。

窗含[3]西岭(lǐng)[4]千秋雪[5]，

门泊(bó)[6]东吴[7]万里船[8]。

（绘图：2018级印度尼西亚学生　陈佳燕）

词语解释

［1］黄鹂：黄莺，鸟名，羽毛黄色，叫声悦耳。
［2］白鹭：鹭鸶，一种水鸟名，羽毛白色，腿长，捕食鱼虾。
［3］窗含：由窗往外望，西岭好像嵌（qiàn）在窗框中，故曰窗含。
［4］西岭：西岭雪山。
［5］千秋雪：指西岭雪山上千年不化的积雪。
［6］泊：停泊，停靠。
［7］东吴：古时候吴国的领地，江苏省一带。
［8］万里船：不远万里开来的船只。

古诗今译

两只黄鹂在翠绿的柳树间鸣叫，一队整齐的白鹭向蔚蓝的天空飞翔。我坐在窗前，可以望见西岭上终年不化的积雪，门前可以看到江岸边停泊着从万里之外的东吴远行而来的船只。

作者简介

杜　甫

字、号：字子美，自号少陵野老，世称杜少陵、杜工部

籍贯：河南巩县（今河南巩义）

生卒年：712—770

身份：曾任检校工部员外郎，唐代现实主义诗人

获荣誉称号：“诗圣”；与李白并称“李杜”；其诗作人称“诗史”

代表作：诗作《春望》《北征》等；“三吏”“三别”；《杜工部集》

作品赏析

这首诗描写早春景象，每一句诗描绘一幅图景，四图组成一幅生动优美的风景画。首句写草堂周围新绿的柳枝上有成对的黄鹂鸟在欢唱。次句写蓝天上有白鹭在自由飞翔。第三句写站在窗前遥看西岭千年不化的积雪。末句再写从门外可以见到停泊在江岸边的船只。第四句的“万里船”与第三句的“千秋雪”相对，一个是说空间之广，一个是说时间之久。这首诗对仗精工，色彩鲜丽，动静结合，形成了一幅跨越万里的壮阔山水画卷。

经典名句

两个黄鹂鸣翠柳，一行白鹭上青天。

诵读指引

杜甫的这首诗展现的是少有的轻松和开阔，诗的前两句从近距离的眼前写到远方，后两句不仅写了空间的广阔，也写了时间的深远。朗读的时候，要注意这种逐渐壮阔的感受，从平缓轻松到豪迈深远。第一句用上行语势，第二句用平行语势，第三句上行且缓慢，第四句下行而顿挫。

绝句四首·其三

两个/黄鹂/鸣/翠柳，（“鸣”重读，上行语势）
一行/白鹭/上/青天。（“上”重读，平行语势）
窗含/西岭/千秋/雪，（“千秋”重读，上行且缓慢）
门泊/东吴/万里/船。（“万里”重读，下行而顿挫）

晓[1]出净慈寺[2]送林子方[3]

xiǎo jìng cí sì

G-6

（宋）杨万里

bì jìng
毕竟[4]西湖六月中[5]，
风光不与四时[6]同[7]。
lián
接天[8]莲叶无穷碧[9]，
hé
映日[10]荷花别样红[11]。

（绘图：2017级蒙古学生　温佳丽）

词语解释

[1] 晓：天刚亮的时候。

［2］净慈寺：全名“净慈报恩光孝禅寺”，与灵隐寺同为杭州西湖南北山两大著名佛寺。
［3］林子方：诗人的朋友，官居直阁秘书。
［4］毕竟：到底，含有名不虚传的意思。
［5］六月中：六月中旬。
［6］四时：春夏秋冬四个季节。在这里指六月以外的其他时节。
［7］同：相同。
［8］接天：好像与天空相连接。
［9］无穷碧：因莲叶面积很广，好像与天相接，呈现无穷的碧绿。无穷：无边无际。
［10］映日：在阳光的映照下。
［11］别样红：红得特别出色。别样：特别，不一样。

古诗今译

六月里西湖的景色到底和其他时节的不一样：那无边无际的翠绿的荷叶密密层层地铺展开来，直到与远处的蓝天相连接；那亭亭玉立的荷花盛开，在阳光映照下，显得格外鲜艳娇红。

作者简介

杨万里

字、号：字廷秀，号诚斋

籍贯：吉州吉水（今属江西）

生卒年：1127—1206

身份：官至宝谟阁直学士，封庐陵郡开国侯，宋代诗人

获荣誉称号：与陆游、范成大、尤袤并称“中兴四大诗人”；其诗自成一体，称“诚斋体”

代表作：《小池》

作品赏析

这是一首描写西湖六月美丽景色的诗。诗人一开始就直接赞叹六月的西湖美景与别的时候不一样。然后，诗人描绘那碧绿的莲叶一直连接到天际，与蓝天融合在一起；在这一片碧绿的背景中，那阳光映照下的朵朵荷花，红得那么娇艳、那么明丽。

从艺术上来说，这首诗有两个特点：一是虚实相生。前两句直接写景色“不同”，只是泛说，为虚；后两句写实，展示具体形象，为实。二是刚柔相济。后两句所写的莲叶荷花，在人们印象中是柔美的，这首诗却写得非常壮阔：有“接天”，有“无穷”。这样，阳刚与柔美，就在诗歌中得到了和谐统一。

经典名句

接天莲叶无穷碧，映日荷花别样红。

诵读指引

杨万里的这首诗里有两种美：阳刚与柔美。诗歌前两句开阔，后两句细腻，在朗读的时候前两句的节奏可以放缓，声音拉长，后两句可以读得快一点、轻松一些。“中”“同”“红”押韵，应读得声韵饱满。

晓出净慈寺送林子方

毕竟/西湖/六月中，（“六月”重读，平行语势）
风光/不与/四时同。（“四时”重读，平行语势）
接天/莲叶/无穷碧，（“无穷”重读，上行语势）
映日/荷花/别样红。（“别样”重读，声音延长，平行语势）

黄鹤楼[1]送孟浩然[2]之[3]广陵[4]

huáng hè lóu　mèng hào rán　líng

G－7

（唐）李白

故人[5]西辞[6]黄鹤楼，
烟花[7]三月下[8]扬州。
孤帆远影碧空尽[9]，
唯见[10]长江天际流[11]。

（绘图：2018 级印度尼西亚学生　黄碧素）

词语解释

[1] 黄鹤楼：中国名胜古迹之一，故址在今湖北省武汉市武昌区蛇山的黄鹄矶上，故称

黄鹤楼。原楼已毁，现存楼为1985年修葺(qì)。

［2］孟浩然：李白的朋友。

［3］之：去、到。

［4］广陵：即扬州。

［5］故人：老朋友，这里指孟浩然。李白对他很敬佩，彼此感情深厚，因此称之为“故人”。

［6］辞：辞别。

［7］烟花：形容柳絮如烟、鲜花似锦的春天景物，指艳丽的春景。

［8］下：顺流向下而行。

［9］碧空尽：消失在碧蓝的天际。碧空：一作“碧山”。尽：尽头，消失了。

［10］唯见：只看见。

［11］天际流：流向天边。天际：天边，天的尽头。

古诗今译

老朋友告别了黄鹤楼，在这柳絮如烟、繁花似锦的阳春三月去扬州。友人的船帆渐渐地远去，消失在水天相接的尽头，只看见滔滔不绝的长江水，向遥远的天际奔流。

作者简介

李 白

字、号：字太白，号青莲居士

籍贯：陇西成纪（今甘肃秦安）

生卒年：701—762

身份：唐代浪漫主义诗人

获荣誉称号：“诗仙”

代表作：《静夜思》《望庐山瀑布》《行路难三首》《蜀道难》《将进酒》等

作品赏析

这是一首送别诗。孟浩然从湖北去江苏广陵（扬州），李白在黄鹤楼给他送行，两位大诗人在黄鹤楼分别，留下了这首著名诗篇。

前两句点题，“故人西辞黄鹤楼，烟花三月下扬州”，引出了惜别的人物、地点、时间和友人要前往的目的地。后两句不仅写景而且写情，“孤帆远影碧空尽，唯见长江天际流”，写李白送走了好友，独自看着小船越行越远，最终在水天相接的碧空中消失——它没有写友情有多深，也没表达离情别意，但末尾用一直目送孤帆远影到天尽头的细节，含蓄地表达了朋友之间的深厚情谊与依依惜别之情，达到了“言有尽而意无穷”的境界。

经典名句

孤帆远影碧空尽，唯见长江天际流。

诵读指引

这是一首送别友人的诗，表达的情感以惜别为主，感情表面平淡，但真挚深远。朗读的时候语气要平实，不宜夸张，注意节奏。“楼”“州”“流”押韵，应读得声韵饱满。

黄鹤楼送孟浩然之广陵

故人/西辞/黄鹤楼，（语速适中，上行语势）

烟花/三月/下扬州。（“下”重读，下行语势）

孤帆/远影/碧空尽，（读出深远感，“碧”重读，上行语势）

唯见/长江/天际流。（语速渐缓，“天”重读，“天际流”声音延长，平行语势）

shǐ

送元二[1]使[2]安西[3]

G-8

（唐）王维

wèi　　　　　yì
渭城[4]朝雨浥[5]轻尘，
客舍[6]青青柳色[7]新。
劝君[8]更尽[9]一杯酒，
西出阳关[10]无故人[11]。

（绘图：2017 级蒙古学生　温佳丽）

词语解释

[1] 元二：诗人的友人元常，在兄弟中排行第二，故称“元二”。
[2] 使：到某地；出使。
[3] 安西：指唐代安西都护府，在今新疆维吾尔自治区库车县附近。

［4］渭城：秦时咸阳城，在今西安市西北，渭水北岸。

［5］浥：湿润。

［6］客舍：旅店。

［7］柳色：指初春时节嫩柳的颜色。

［8］君：指元二。

［9］更尽：再喝完。更：再。

［10］阳关：汉朝设置的边关名，故址在今甘肃省敦煌市西南，古代跟玉门关同是出塞必经的关口。

［11］故人：老朋友。

古诗今译

清晨的细雨打湿了渭城地面上的灰尘，空气清新，旅店周围的柳树都显得格外青翠。朋友，请你再喝一杯酒；因为你向西出了阳关之后，在那里就见不到老朋友了。

作者简介

王　维

字、号：字摩诘，号摩诘居士，世称“王右丞”

籍贯：太原祁（今山西祁县）

生卒年：约 701—761

身份：唐代诗人、尚书右丞

获荣誉称号：“诗佛”、唐代山水田园诗派代表

代表作：诗作《山居秋暝》《渭川田家》等；《王右丞集》

作品赏析

这是一首送别诗，元二奉命出使安西都护府，王维到渭城送朋友去西域守护边疆，写下这首诗。这首诗所描写的是一种最具普遍性的离别。它没有特殊的背景，在常见的饮酒当中表达了深挚的惜别之情，这使它适合在离别、送别宴席上演唱，后来被编入乐府，成为最流行、传唱最久的歌曲，名为“阳关三叠”。

经典名句

劝君更尽一杯酒，西出阳关无故人。

诵读指引

这是一首送别友人的诗，表达的情感以惜别为主，前两句写景，清新平实，后两句写情，强烈深厚。朗读的时候要注意前后的感情变化，前两句语气要平实，不宜夸张，注意节奏，停顿不能拖太长，后两句要稍慢，重音要更饱满。

送元二使安西

渭城/朝雨/浥轻尘，（语速适中，语调平实，“轻尘”读得轻一些，上行语势）

客舍/青青/柳色新。（平行语势）

劝君/更尽/一杯酒，（读出对友人的惜别之意，“一”重读，上行语势）

西出/阳关/无故人。（语速渐缓，“无”重读，“无故人”声音延长，表达对友人的不舍，平行语势）

dēng kē

登科[1]后

G-9

（唐）孟郊

xī　wò chuò

昔日龌龊[2]不足夸[3]，

zhāo　dàng　yá

今朝放荡[4]思无涯[5]。

tí jí

春风得意[6]马蹄疾[7]，

一日看尽长安花。

（绘图：2018级泰国学生　利百川）

词语解释

［1］登科：唐朝实行科举考试制度，考中进士称及第，经吏部复试取中后授予官职称登科。

［2］龌龊：原意是肮脏，这里指不如意的处境。

［3］不足夸：不值得提起。

［4］放荡：自由自在，不受约束。

［5］思无涯：兴致高涨。

［6］得意：指考取功名，称心如意。

［7］疾：飞快。

古诗今译

以前生活上的困苦再也不值得一提了，今日金榜题名，心里的郁闷烟消云散。迎着春风，骑着马奔跑在春花烂漫的长安道上，马蹄格外轻盈，好像一日之内可以赏遍京城长安的名花。

作者简介

孟　郊

字、号：字东野

籍贯：湖州武康（今浙江德清），祖籍平昌（今山东临邑）

生卒年：751—814

身份：唐代诗人

获荣誉称号：“诗囚”，又与贾岛齐名，人称“郊寒岛瘦”

代表作：诗作《游子吟》《登科后》等；《孟东野诗集》

作品赏析

唐贞元十二年（796），已经 46 岁的孟郊终于考中了进士。放榜之日，孟郊喜不自胜，当即写下了生平第一首快诗《登科后》。

诗的前两句把困顿的往昔和得意的今天作对比，后两句真切地描绘出诗人考中后的得意之情。唐诗大多含蓄，但这首诗毫不掩饰地抒发了得意之情，明快畅达而又别有情韵，因而成为人们喜爱的千古名句，并派生出“春风得意”“走马观花”两个成语流传后世。

经典名句

春风得意马蹄疾，一日看尽长安花。

诵读指引

这首诗表达了作者轻松、快乐的心情，节奏整齐，内容明快，朗读时可以强调节奏，语速可以稍快，重音在重读的时候可以增加一些跳跃感。“夸”“涯”“花”押韵，应读得声韵饱满。

登科后

昔日/龌龊/不足夸，（语速适中，语调平实。“夸”重读，平行语势）
今朝/放荡/思无涯。（“思”重读，适当延长，下行语势）
春风/得意/马蹄疾，（“疾”重读，读出愉快、得意之感，上行语势）
一日/看尽/长安花。（“花”重读，“长安花”适当放慢，下行语势）

mù jiāng yín

暮江吟[1]

G－10

（唐）白居易

一道残阳[2]铺水中，
sè
半江瑟瑟[3]半江红。
可怜[4]九月初三[5]夜，
露似真珠[6]月似弓[7]。

（绘图：暨南大学华文学院华文教育系教师　王琪阳）

词语解释

［1］暮江吟：黄昏时分在江边所作的诗。吟：古代诗歌的一种形式。
［2］残阳：快落山的太阳的光。也指晚霞。

[3] 瑟瑟：原意为碧色珍宝，此处指碧绿色。
[4] 可怜：可爱。
[5] 九月初三：农历九月初三的时候。
[6] 真珠：即珍珠。
[7] 月似弓：农历九月初三，新月弯弯的像弓一样。

古诗今译

傍晚的时候，夕阳的光辉柔和地铺在江水之上。晚霞斜映下的江水看上去好像是鲜红色的，而绿波却又在红色上面滚动。九月初三的夜晚多可爱啊！露珠像珍珠，而升起的一弯新月像一张精巧的弯弓。

作者简介

白居易

字、号：字乐天，号香山居士，又号醉吟先生

籍贯：山西太原

生卒年：772—846

身份：唐代现实主义诗人、翰林学士

获荣誉称号：“诗魔”“诗王”

代表作：《长恨歌》《琵琶行》《卖炭翁》等

作品赏析

此诗大约写于唐长庆二年（822）白居易赴杭州任刺史的途中，是他“杂律诗”中的一首。全诗构思妙绝，选取两幅自然界的优美画面，表现了诗人自愿远离朝廷后轻松愉悦

的心情。

诗人从黄昏时起，一直玩赏到月亮升起、霜露降下，蕴含着诗人对大自然的喜爱、热爱之情。

经典名句

一道残阳铺水中，半江瑟瑟半江红。

诵读指引

这首诗通过对自然景物的描写，表达了诗人轻松的心情。诗歌中的风景是平和亲切的，朗读时感情要平淡放松，不宜拖得太长或语调太夸张，重音适当重读，但不可拖长或跳跃。“中”“红”“弓”押韵，应读得声韵饱满。

暮江吟

一道/残阳/铺水中，（“铺”重读，下行语势）
半江/瑟瑟/半江红。（两个“半”均重读，平行语势）
可怜/九月/初三夜，（“初”重读，上行语势）
露似/真珠/月似弓。（“月”重读，下行语势，“月似弓”声音延长，读出喜爱之感）

chūn yè xǐ yǔ

春夜喜雨

G-11

（唐）杜甫

好雨知时节[1]，当春乃[2]发生[3]。

随风潜（qián）[4]入夜，润物[5]细无声。

野径（jìng）[6]云俱（jù）黑，江船火独明。

晓[7]看红湿处[8]，花重（zhòng）[9]锦官城[10]。

（绘图：2018 级马来西亚学生　林学瑾）

词语解释

[1] 好雨知时节：这是一种拟人化的写法。知：知道。

［2］乃：就。

［3］发生：萌发生长。

［4］潜：暗暗地，悄悄地。

［5］润物：让植物得到雨水的滋养。

［6］野径：田间小路。

［7］晓：天亮时。

［8］红湿处：指被雨水打湿的红色花丛。

［9］花重：花因为沾上了雨水而变得沉重。

［10］锦官城：指今天的成都市南，又叫锦城。因为三国蜀汉时管理织锦的官吏驻在这里而得名。后人又把它当作成都的别称。

古诗今译

好雨似乎知道下雨的时机，在春天降临。随着春风在夜里悄悄落下，滋润着世间万物。雨夜中田间小路黑茫茫一片，只见江船上的灯火独自闪烁。天亮时看那雨水润湿的红色花丛，整个成都变成了繁花盛开的世界。

作者简介

杜　甫

字、号：字子美，自号少陵野老，世称杜少陵、杜工部

籍贯：河南巩县（今河南巩义）

生卒年：712—770

身份：曾任检校工部员外郎，唐代现实主义诗人

获荣誉称号：“诗圣”；与李白并称“李杜”；其诗作人称“诗史”

代表作：诗作《春望》《北征》等；“三吏”“三别”；《杜工部集》

作品赏析

杜甫曾经在成都居住三年多，这几年是他晚年生活比较安稳的时期。这首诗就是他晚年所写，歌颂春雨，字里行间无不透露出诗人对大自然的热爱之情。在诗中，春雨在恰当的时机到来，滋润万物，带来美景。诗歌虽在写景，但深藏着诗人的愉悦之情。

经典名句

好雨知时节，当春乃发生。
随风潜入夜，润物细无声。

诵读指引

这首诗通过对春天景色的描写来表达诗人的喜悦之情。诗歌从第一句开始，就直抒胸臆，整首诗的情感坦率明朗，在朗读的时候注意节奏的整齐和适度的跳跃，语速不要太慢，起伏不要太夸张。“生”“声”“明”“城”押韵，应读得声韵饱满。

春夜喜雨

好雨/知/时节，当春/乃/发生。（夸赞语气，“知”和“乃”重读，上行语势）

随风/潜/入夜，润物/细/无声。（此句随诗意读得轻一些，“潜”与“细”重读）

野径/云/俱黑，江船/火/独明。（“云俱黑”“火独明”相对，“黑”与“明”可适当重读处理）

晓看/红湿处，花重/锦官城。（语速渐缓，“看”与“重”重读，“锦官城”声音略微延长）

过[1]故人庄[2]

gù zhuāng

G－12

（唐）孟浩然

故人具[3]鸡黍（shǔ）[4]，
邀[5]我至[6]田家。
绿树村边合[7]，
青山郭[8]外斜（xiá）[9]。
开轩（xuān）[10]面[11]场圃（pǔ）[12]，
把酒[13]话桑麻[14]。
待到重阳日[15]，
还（huán）[16]来就菊花[17]。

（绘图：2018 级马来西亚学生　林学瑾）

词语解释

［1］过：拜访。

［2］故人庄：老朋友的农庄。

［3］具：准备，置办。

［4］鸡黍：鸡和黄米饭，这里是指农家招待客人的丰盛饭食。黍：黄米，古代被认为是上等粮食。

［5］邀：邀请。

［6］至：到。

［7］合：环绕。

［8］郭：古代城墙有内外两层，内层叫城，外层叫郭。这里是指村庄的外墙。

［9］斜：倾斜。因为古诗需押韵，所以这里遵照古音读作 xiá。

［10］开轩：打开窗户。轩：窗户。

［11］面：面对。

［12］场圃：场：打谷场，稻场；圃：菜园。这里泛指农家小院。

［13］把酒：端着酒具，这里指饮酒。把：端起。

［14］话桑麻：闲谈农事。桑麻：桑树和麻，这里泛指庄稼。

［15］重阳日：指农历九月初九。在这一天古人有登高、饮菊花酒的习俗。

［16］还：返，回来。

［17］就菊花：指饮菊花酒，也有赏菊的意思。就：赴，靠近，这里是欣赏的意思。

古诗今译

老友备了丰盛的饭菜，邀请我去他的农庄做客。村庄外有绿树环绕，苍翠的山峦横斜在郊外。推开窗户面对谷场菜园，端起酒杯闲聊庄稼情况。等到重阳节那一天，我还会再来老友这里赏菊喝酒！

作者简介

孟浩然

字、号：名浩，字浩然，号孟山人，世称“孟襄阳”

籍贯：襄州襄阳（今湖北襄阳）

生卒年：689—740

身份：唐代诗人

获荣誉称号：唐代山水田园诗派代表

代表作：《春晓》《望洞庭湖赠张丞相》《宿建德江》等

作品赏析

这是一首非常著名的田园诗，描写的是诗人在鹿门山隐居时去一位姓田的朋友家做客的经历。诗人应邀到老友家做客，在自然田园风光之中，主客举杯对饮，闲谈农事，感受田园生活的乐趣，同时抒发了诗人和朋友之间真挚的情谊。诗歌语言朴实无华，字里行间流露着作者对田园生活的向往。

经典名句

待到重阳日，还来就菊花。

诵读指引

这首诗歌语言朴实无华，意境清新隽永，艺术感染力极强，字里行间流露着作者对安静朴实的田园生活的向往。整首诗的情感坦率明朗，在朗读的时候注意节奏的整齐和适度的跳跃，语速不要太慢，起伏不要太夸张。“家”“斜”“麻”“花”押韵，应读得声韵饱满。

过故人庄

故人/具鸡黍，邀我/至田家。（“具”“至”重读，平行语势）
绿树/村边合，青山/郭外斜。（平行语势）
开轩/面场圃，把酒/话桑麻。（“面”“话”重读，上行语势，读出与友人欢聚的畅快感）
待到/重阳日，还来/就菊花。（“重阳”“就”重读，下行语势）

zhā　　　　　xī

生查子[1]·元夕

G－13

（宋）欧阳修

去年元夜[2]时，花市[3]灯如昼[4]。
月上柳梢头，人约黄昏后。
今年元夜时，月与灯依旧。
不见去年人，泪湿春衫袖。

（绘图：2018级印度尼西亚学生　黄约仕）

词语解释

［1］生查子：词牌名，原唐教坊曲，后用为词调。

［2］元夜：元宵节的晚上，即农历正月十五的晚上。

［3］花市：民俗每年春节时举行的卖花、赏花的集市。这里是指元宵节晚上花灯照耀的灯市。

［4］灯如昼：灯火通明像白天一样。这里是形容元宵节的热闹繁华。昼：白天。

古词今译

去年元宵夜，花市上灯光明亮如同白天。月儿升起到柳树枝头，与佳人相约在黄昏之后。今年元宵夜，月光和灯光明亮依旧。却见不到去年的佳人，泪水不禁湿透了衣袖。

作者简介

欧阳修

字、号：字永叔，号醉翁，晚号“六一居士”

籍贯：吉州永丰（今江西永丰）

生卒年：1007—1072

身份：北宋政治家、文学家、史学家

获荣誉称号：北宋文坛领袖，“唐宋八大家”之一，“千古文章四大家”之一

代表作：文章《朋党论》《五代史伶官传序》《醉翁亭记》《丰乐亭记》《秋声赋》等；诗作《戏答元珍》《画眉鸟》等；词作《采桑子·群芳过后西湖好》《踏莎行·候馆梅残》《生查子·元夕》《蝶恋花·庭院深深深几许》等。有《新五代史》《欧阳文忠公集》存世

作品赏析

按照中国的习俗，元宵节晚上有赏花灯、舞龙、舞狮子等活动。这是一首相思词，词人以繁华热闹的元宵之夜为背景，通过对去年与今年元宵夜的对比描写，讲述了一个悲伤的爱情故事。

词分上下两片，上片是对去年元宵夜的回忆，写与情人同逛灯市的欢乐情景。下片写今年元宵夜的相思之苦。“月与灯依旧”，却“不见去年人”，导致主人公“泪湿春衫袖”。物是人非的凄楚哀痛，蕴藏着对昔日恋人的一往情深。

经典名句

月上柳梢头，人约黄昏后。

诵读指引

这首词的情感有明显的前后变化，前四句是温柔地回忆去年的欢乐场景，后四句是伤感地面对痛苦的现实。朗读的时候要在把握节奏的基础上注意语气语调的变化，前四句平缓温和，后四句可以稍慢沉重。“昼”“后”“旧”“袖”押韵，应读得声韵饱满。

生查子·元夕

去年/元夜时，花市/灯如昼。（柔缓，平行语势）

月上/柳梢头，人约/黄昏后。（“上”“人”重读，下行语势）

今年/元夜时，月与灯/依旧。（伤感，平行语势）

不见/去年人，泪湿/春衫袖。（“见”“湿”重读，“春衫袖”语速放缓，声音略延长，下行语势）

九九节气歌

G－14

一九二九不出手，
三九四九冰上走[1]，
五九六九沿河看柳[2]，
七九河开，八九燕来[3]，
九九又一九，耕(gēng)牛[4]遍地走。

（绘图：2018级印度尼西亚学生　陈佳燕）

词语解释

［1］冰上走：水面结冰，冰面结实到人可以站在上边行走。
［2］沿河看柳：在河边看柳树发芽。

［3］燕来：燕子从温暖的南方回到北方来。
［4］耕牛：帮助农民耕地的牛。

作品赏析

这是流传在中国北方黄河中下游地区的民谣。中国北方的冬天比较长，而且天气寒冷。该民谣结合北方天气的实际情况，把冬季的三个月分成了十个九天，并把每个九天具有的天气特点、可以进行的活动、自然界的特殊现象用简单明白的语言进行概括。语言简单明快，讲究押韵，适合朗诵和记忆。

诵读指引

这首民谣语言简单明快，除“七九、八九”两句外，句句押韵，适合朗读和背诵。朗读的时候要注意节奏，要轻快和跳跃，最后两句的重音要短、平、快。

九九节气歌

一九/二九/不出手，（轻快、跳跃，“一”“二”“不”重读）
三九/四九/冰上走，（“三”“四”重读）
五九/六九/沿河/看柳，（“五”“六”“沿”“看”重读，轻快、跳跃）
七九/河开，八九/燕来，（“七”“河”“八”“燕”重读，平行语势）
九九/又/一九，耕牛/遍地走。（“遍”重读，平行语势）

颠倒歌（三）

G-15

（绘图：2018 级老挝学生　宋美珠）

石榴(liu)树，结樱(yīng)桃，
杨柳树上结辣(là)椒(jiāo)。
吹着鼓，打着号(hào)[1]，
抬着大车拉着轿。
木头沉水底，
石头水上漂(piāo)[2]。
小鸡叼(diāo)[3]了个饿老鹰，

老鼠捉了个大花猫。
说的都是颠倒话，
你说可笑不可笑。

词语解释

［1］号：号角，一种乐器。
［2］漂：浮在水上。
［3］叼：用嘴咬住。

作品赏析

这是流传在中国北京、山东和河南等地的《颠倒歌》，用趣味的方法把事物之间的关系颠倒过来，内容简单但荒诞，格式整齐且每一句都押韵，读起来富有节奏感和音乐性，其趣味性给人留下深刻的印象。

说的都是颠倒话，你说可笑不可笑。

诵读指引

这首《颠倒歌》由三字句、五字句、七字句、八字句组成。朗读的时候，注意节奏，要短、平、快，有跳跃感。三字句可处理为××　×，五字句可处理为××　××　×，七字句可处理为××　××　××　×，八字句可处理为××　×××　××　×。采用这样的节奏诵读，朗朗上口，节拍整齐，富有韵律感。

颠倒歌（三）

石榴/树，结樱/桃，
杨柳/树上/结辣/椒。
吹着/鼓，打着/号，
抬着/大车/拉着/轿。
木头/沉水/底，
石头/水上/漂。

小鸡/叼了个/饿老/鹰，
老鼠/捉了个/大花/猫。（“捉了个”读为一个节拍，其中“了”为轻声，读得又轻又短）
说的/都是/颠倒/话，
你说/可笑/不可/笑。

拉大锯

G－16

拉大锯（jù）[1]，扯大锯，
姥姥家，唱大戏。

接闺女[2]，请女婿（xù）[3]，
小外孙子也要去。
今儿搭棚[4]，明儿挂彩[5]，
羊肉包子往上摆，
不吃不吃吃二百[6]。

（绘图：2018级泰国学生　赵舒畅）

词语解释

［1］大锯：两头拉动的大的锯子。
［2］闺女：年轻女性，在这里特指女儿。
［3］女婿：女儿的丈夫。
［4］搭棚：临时搭建唱戏的舞台和棚子。
［5］挂彩：挂上彩色的装饰。
［6］二百：两百个，在这里并不是指准确的数字，而是形容数量多。

作品赏析

在中国北方，有很多关于“唱大戏”的儿歌，虽然具体的细节会稍有不同，但内容都是关于在农闲的时候出嫁的女儿带着孩子回到娘家，姥姥拿出好吃的、好看的来欢迎，大家在一起热热闹闹的情景。这首儿歌充满童趣、温情和生活气息，不仅讲到了儿童喜欢的热闹场景，而且把儿童抵挡不住“羊肉包子”美味的可爱模样也描绘了出来。

诵读指引

整首儿歌充满了生活气息，语言也简洁跳跃，有三字句、四字句和七字句不等，节奏相对统一，读起来富有节奏感和音乐性。朗读的时候，注意节奏，要短、平、快和有跳跃感。三字句可处理为×× ×，四字句可处理为×× ××，七字句可处理为×× ×× ×× ×。采用这样的节奏诵读，朗朗上口，节拍整齐，富有韵律感。

拉大锯

拉大/锯，扯大/锯，
姥姥/家，唱大/戏。
接闺/女，请女/婿，
小外/孙子/也要/去。
今儿/搭棚，明儿/挂彩，
羊肉/包子/往上/摆，
不吃/不吃/吃二/百。

《声律启蒙》选段

G－17

（清）车万育

《一东》节选

sǒu
沿[1]对革[2]，异对同，白叟[3]对黄童[4]。

江风对海雾，牧子对渔翁。

lòu ruǎn jì
颜巷陋[5]，阮途穷[6]，冀北对辽东。

zhuó
池中濯[7]足水，门外打头风。

梁帝[8]讲经同泰寺，汉皇[9]置酒未央宫。

yíng bìn
尘虑[10]萦[11]心，懒抚七弦绿绮[12]；霜华[13]满鬓，羞看百炼青铜[14]。

（绘图：2018 级老挝学生　宋美珠）

词语解释

［1］沿：继承，继续。

［2］革：变化，变革。

［3］白叟：白头发的老年男子。

［4］黄童：年幼的男子。

［5］陋：简单，简陋。

［6］穷：到……的尽头，表示已经无路可走。

［7］濯：清洗。

［8］梁帝：南朝的梁武帝萧衍。他笃信佛教，经常和高僧们在同泰寺研讨佛经。

［9］汉皇：汉朝的开国之君刘邦。他曾宴请群臣于长安的未央宫，接受群臣的朝贺。

［10］尘虑：对尘世间琐碎小事的忧虑。

［11］萦：缠绕。

［12］绿绮：琴名，代指古琴。据说汉代的司马相如曾弹此琴向卓文君求爱，卓文君倾心于司马相如的才华，为酬“知音之遇”，与其缔结良缘。

［13］霜华：即霜花（“华”为“花”的古字），借指白发。

［14］百炼青铜：借指镜子，古人用青铜镜照面。

古文今译

延续和变革相对，差异和相同相对，白发老翁和黄口小儿相对。江风和海雾相对，牧童和渔翁相对。颜回甘居陋巷，阮籍哭于穷途，冀北和辽东相对。池中水可以浴足，迎面的风往往打头。梁武帝曾在同泰寺讲经谈佛，汉高祖曾在未央宫宴请群臣。世间烦恼事萦绕心头，懒得抚弄七弦古琴；鬓角生满白发，不敢对着铜镜梳妆。

作者简介

车万育

字、号：字双亭，号鹤田

籍贯：湖南邵阳

生卒年：1632—1705

身份：书法家、收藏家

代表作：《声律启蒙》

作品赏析

诗词和对联是中国古代重要的文学形式，在古代，自上私塾的幼童起，就开始了对声调、音律、格律等文学修养的基本训练。《声律启蒙》是训练儿童应对、掌握声韵、格律的启蒙读物，是声律训练方面较有代表性的作品。按韵分编，包罗天文、地理、花木、鸟兽、人物、器物等的虚实应对。从单字对到双字对，三字对、五字对、七字对再到十一字对，层层属对，声韵协调，读起来朗朗上口，极具音乐性，儿童可从中得到语音、词汇、修辞方面的训练，为创作对联和诗词打好基础。

经典名句

沿对革，异对同。

诵读指引

这是教儿童掌握声韵、格律的启蒙读物。声韵协调，朗朗上口，全篇三字句采用二一式节奏，四字句采用二二式节奏，五字句采用二一二式节奏或二三式节奏，六字句采用二二二式节奏，七字句采用二二三式节奏，可读为：

《声律启蒙》选段

沿对/革，异对/同，白叟/对/黄童。
江风/对/海雾，牧子/对/渔翁。
颜巷/陋，阮途/穷，冀北/对/辽东。
池中/濯足水，门外/打头风。
梁帝/讲经/同泰寺，汉皇/置酒/未央宫。
尘虑/萦心，懒抚/七弦/绿绮；霜华/满鬓，羞看/百炼/青铜。

jǐ　nán

济南的冬天

G－18

老舍

（绘图：2018 级印度尼西亚学生　谢承良）

对于一个在北平住惯的人，像我，冬天要是不刮风，便觉得是奇迹；济南的冬天是没有风声的。对于一个刚由伦敦回来的人，像我，冬天要能看得见日光，便觉得是怪事；济南的冬天是响晴[1]的。自然，在热带的地方，日光是永远那么毒，响亮的天气，反有点叫人害怕。可是，在北中国的冬天，而能有温晴的天气，济南真得算个宝地。

设若[2]单单是有阳光，那也算不了出奇。请闭上眼睛想：一个老城，有山有水，全在天底下晒着阳光，暖和[3]安适地睡着，只等春风来把它们唤醒，这是不是个理想的境界？小山整把济南围了个圈儿，只有北边缺着点口儿。这一圈小山在冬天特别可爱，好像是把济南放在一个小摇篮里，它们安静不动地低声地说："你们放心吧，这儿准保暖和。"真的，济南的人们在冬天是面上含笑的。他们一看那些小山，心中便觉得有了着落，有了依靠。他们由天上看到山上，便不知不觉地想起："明天也许就是春天了吧？这样的温暖，今天夜里山草也许就绿起来了吧？"就是这点幻想不能一时实现，他们也并不着急，因为有这样慈善的冬天，干啥还希望别的呢！

最妙的是下点小雪呀。看吧，山上的矮松越发的青黑，树尖上顶着一髻(jì)[4]儿白花，好像日本看护妇。山尖全白了，给蓝天镶(xiāng)[5]上一道银边。山坡上，有的地方雪厚点，有的地方草色还露着；这样，一道儿白，一道儿暗黄，给山们穿上一件带水纹的花衣；看着看着，这件花衣好像被风儿吹动，叫你希望看见一点更美的山的肌肤。等到快日落的时候，微黄的阳光斜射在山腰上，那点薄雪[6]好像忽然害了羞，微微露出点粉色。就是下小雪吧，济南是受不住大雪的，那些小山太秀气！

古老的济南，城里那么狭窄，城外又那么宽敞，山坡上卧着些小村庄，小村庄的房顶上卧着点雪，对，这是张小水墨画，也许是唐代的名手画的吧。

那水呢，不但不结冰，倒反在绿萍上冒着点热气，水藻真绿，把终年贮蓄(zhù xù)[7]的绿色全拿出来了。天儿越晴，水藻越绿，就凭这些绿的精神，水也不忍得冻上，况且那些长枝的垂柳还要在水里照个影儿呢！看吧，由澄(chéng)清的河水慢慢往上看吧，空中，半空中，天上，自上而下全是那么清亮，那么蓝汪汪的，整个的是块空灵的蓝水晶。这块水晶里，包着红屋顶，黄草山，像地毯上的小团花的灰色树影。

这就是冬天的济南。

词语解释

［1］响晴：晴朗无云。
［2］设若：假如。
［3］暖和：不冷也不热。
［4］髻：古人盘起来的头发。
［5］镶：把一个物体嵌入另外一个物体。
［6］薄雪：厚度小的雪。
［7］贮蓄：储存。

作者简介

老舍

字、号：原名舒庆春，字舍予

籍贯：北京

生卒年：1899—1966

身份：中国现代著名作家

获荣誉称号：“人民艺术家”

代表作：小说《骆驼祥子》《四世同堂》；剧本《茶馆》

作品赏析

《济南的冬天》写于1931年。文章一开头就把济南的冬天和北平（即北京）、伦敦的冬天相比，得出济南的冬天有“响晴”的特点。然后写济南的山是“小山”，雪是“薄雪”，水是“绿”的。这些特点合起来，就写出济南冬天温暖晴朗的特点。

这篇文章的语言生动简单，好像是在和读者对话，语气亲切。文章中用了很多拟人和比喻的修辞方法，这样使得环境描写别具诗情画意，让人印象深刻。

经典名句

一个老城，有山有水，全在天底下晒着阳光，暖和安适地睡着，只等春风来把它们唤醒，这是不是个理想的境界？

这一圈小山在冬天特别可爱，好像是把济南放在一个小摇篮里，它们安静不动地低声地说："你们放心吧，这儿准保暖和。"

诵读指引

《济南的冬天》是散文，朗读基调应该比较舒缓、平静。文章中有很多拟人和比喻的句子，读的时候要突出一种有趣的意韵。

xiāng chóu

乡愁

G－19

余光中

（绘图：2018 级印度尼西亚学生　谢承良）

小时候，
乡愁是一枚小小的邮票，
我在这头，
母亲在那头。

长大后，
　　　zhǎi
乡愁是一张窄窄[1]的船票，
我在这头，
新娘在那头。

后来啊，
乡愁是一方矮矮的坟墓（fén mù），
我在外头，
母亲在里头。

而现在，
乡愁是一湾浅浅的海峡（xiá）[2]，
我在这头，
大陆在那头。

词语解释

[1] 窄窄：狭小，狭窄。
[2] 海峡：这里指中国大陆和台湾地区之间的台湾海峡。

作者简介

余光中

籍贯：福建永春

生卒年：1928—2017

身份：中国当代诗人、散文家

代表作：诗歌《白玉苦瓜》《乡愁》等；散文《记忆像铁轨一样长》《听听那冷雨》等

作品赏析

《乡愁》是余光中的诗歌代表作，写于1972年。诗人在诗中用了四个意象构成的四个场景来抒发自己的乡愁："邮票"这个意象，让诗人想起小时候"我"和母亲分别的情景；"船票"这个意象，让诗人想起年轻时"我"和妻子分离的场景；"坟墓"这个意象，让诗人想起母亲去世后，"我"和母亲阴阳两隔的情景；"海峡"这个意象，让诗人想起现在"我"难以回到大陆家乡的情景。

诗歌从个人的感情出发，最后引申出人们的思乡之情。每节四句，一共四节，层层递进，感情逐渐加深。这首诗歌的诗句四节基本对称，读起来有一唱三叹的感觉，增加了忧愁之情。

经典名句

小时候，乡愁是一枚小小的邮票，我在这头，母亲在那头。

诵读指引

《乡愁》是一首抒情诗，朗读基调要舒缓、平静。这首诗四节层层递进，朗读时要注意语气和情感的起伏。第一节整体要低沉；第二节语气加强，最后一句呈上行语势；第三节语气保持和第二节一致；第四节语气最强，尤其是最后两句。

乡愁

小时候，（声音低沉，慢速）
乡愁/是一枚/小小的/邮票，（"小小的"适当放慢，"邮票"重读）
我/在这头，（"我"声音延长）
母亲/在那头。（"母亲"后停顿略长，"那头"读出深远感）
长大后，（起调较第一节略高一点）
乡愁/是一张/窄窄的/船票，（"窄窄的"适当放慢，"船票"重读）
我/在这头，（"我"声音延长）
新娘/在那头。（"新娘"后停顿略长，"那头"读出深远感）
后来啊，（声音低沉，慢速，读出追思的感觉）
乡愁/是一方/矮矮的/坟墓，（声音低沉，"坟墓"重读，读出沉重感）
我/在外头，（"我"声音延长）

母亲/在里头。（“母亲”后停顿略长，“里头”读出悲伤怀念之情）
而现在，（声音略转高）
乡愁/是一湾/浅浅的/海峡，（“浅浅的”适当放慢，“海峡”重读）
我/在这头，（“我”声音延长）
大陆/在那头。（“大陆”后停顿略长，“那头”读出深远感和渴望归乡之情）

ré ài shēng mìng

热爱生命

G－20

汪国真

（绘图：2018级蒙古学生　温佳丽）

我不去想是否能够成功，
既然选择了远方，
jiānchéng
便只顾风雨兼程[1]。

yíng
我不去想能否赢得爱情，

既然钟情于玫瑰，
就勇敢地吐露真诚。

xí
我不去想身后会不会袭来寒风冷雨，
既然目标是地平线，
留给世界的只能是背影。

tǎn　　　ní nìng
我不去想未来是平坦[2]还是泥泞[3]，
只要热爱生命，
一切，都在意料之中。

词语解释

[1] 风雨兼程：在风雨中依然坚持前行。
[2] 平坦：（道路）很平的样子。
[3] 泥泞：泥路上难以行走。

作者简介

汪国真

籍贯：福建厦门

生卒年：1956—2015

身份：中国当代诗人

代表作：诗集《年轻的潮》《年轻的风》《年轻的思绪》《年轻的潇洒》等

作品赏析

《热爱生命》是汪国真的代表作，是一首励志的抒情诗。诗歌四节，每节一个主题，分别是成功、爱情、奋斗和未来。诗歌写出“我”不去怀疑或者抱怨什么，因为“我”信心坚定，想要靠自己去追求成功、爱情、奋斗和未来，所以每节的第三句就是“我”要努力的方向。

这首诗采用排比句式，四节诗句基本对称，语言真实朴素，情感明朗，有一种年轻人乐观向上、奋发有为的精神。

经典名句

既然选择了远方，便只顾风雨兼程。

诵读指引

《热爱生命》是一首抒情诗，情感乐观向上，朗读基调可以适当强烈一些。比如每节的最后两句，表达“我”的自信和誓言，语气可以强一些。

热爱生命

我不去想/是否/能够成功，
既然/选择了/远方，
便只顾/风雨兼程。（读出坚定、自信）
我不去想/能否/赢得爱情，
既然/钟情于/玫瑰，
就勇敢地/吐露/真诚。（读出勇敢、坚定、自信）
我不去想/身后/会不会袭来/寒风冷雨，
既然/目标是/地平线，
留给世界的/只能是/背影。
我不去想/未来/是平坦/还是泥泞，
只要/热爱/生命，
一切/，都在/意料之中。（“意料之中”声音延长）

提高篇

lǚ huái

旅夜书怀[1]

T－1

（唐）杜甫

àn qiáng
细草微风岸，危樯[2]独[3]夜舟。
yǒng
星垂[4]平野[5]阔，月涌[6]大江[7]流。
qǐ zhù
名岂文章著[8]，官应[9]老病休[10]。
ōu
飘飘[11]何所似，天地一沙鸥。

（绘图：2018级印度尼西亚学生　洪丽晨）

词语解释

［1］书怀：书写自己的情怀。
［2］危樯：高高的桅杆。
［3］独：孤零零的。

［4］星垂：星空低垂。

［5］平野：原野。

［6］月涌：月亮倒映在水中，随水涌动。

［7］大江：指长江。

［8］名岂文章著：这句连下句，是用“反言以见意”的手法写的。杜甫确实是以文章而著名的，却偏说不是，可见其另有抱负，所以这句是自解语。名：名声。

［9］应：认为是，是。

［10］休：被罢退。

［11］飘飘：飞翔的样子，这里含“飘零”“漂泊”的意思，因为这里是借沙鸥以写人的漂泊。

古诗今译

微风吹着江岸的细草，桅杆高立的小船在月夜里孤独地停着。星空低垂，原野宽阔，月光随着江水涌动，长江滚滚向东流。我的名声哪里是靠文章写得好呢？不做官是因为我年老多病就应该退休吧。自己到处漂泊像什么呢？像一只孤独的沙鸥飞翔在天地间。

作者简介

杜　甫

字、号：字子美，自号少陵野老，世称杜少陵、杜工部

籍贯：河南巩县（今河南巩义）

生卒年：712—770

身份：曾任检校工部员外郎，唐代现实主义诗人

获荣誉称号：“诗圣”；与李白并称“李杜”；其诗作人称“诗史”

代表作：诗作《春望》《北征》等；“三吏”“三别”；《杜工部集》

作品赏析

杜甫晚年离开四川后便开始了在重庆、湖北等地的漂泊之旅。《旅夜书怀》这首诗大概就写于“人在囧途”的时候，诗歌主要是描写某个夜晚的江天景色，表达了诗人孤独无依、四处漂泊的伤感之情。

诗歌第一联写近景，暗含心情。第二联诗人的视野逐渐放远，写出此刻一种阔大非凡的景象，从自身处境放眼到宇宙人生。第三联“书怀”，直接书写自己的人生感怀。最后一联诗人又以沙鸥自比，寓景于情：我这样四处的漂泊到底像什么呢？就像苍茫天地间无所依靠的一只沙鸥吧。写到这里，诗人内心的悲苦实在令人泪下。杜甫的诗歌情感沉重郁结、情景相生，这个特点在这首诗中也得到了体现。

经典名句

星垂平野阔，月涌大江流。

诵读指引

这首诗情感浓郁，主要通过情景交融的手法表现，诵读时，主要体会这种弥漫在景色描写中的孤独感、沉重感。“舟”“流”“休”“鸥”押韵，要读得声韵饱满。

旅夜书怀

细草/微风岸，危樯/独夜舟。（“微”“独”重读，起调略低，语速偏慢）
星垂/平野阔，月涌/大江流。（上行语势，读出辽阔雄浑之感，“阔”“流”重读）
名岂/文章著，官应/老病休。（“名岂文章著”读出反问语气，下半句下行语势）
飘飘/何所似，天地/一沙鸥。（“何”“一”重读，语速渐缓，读出孤独飘零之感）

春望

T－2

（唐）杜甫

国[1]破[2]山河在，城[3]春草木深[4]。

jiàn

感时[5]花溅泪[6]，恨别[7]鸟惊心。

fēng　　　　　　　　　　dǐ

烽火[8]连三月，家书抵[9]万金。

sāo　　　　　hún　　　shèng　zān

白头[10]搔[11]更短，浑[12]欲[13]不胜[14]簪[15]。

（绘图：2018 级印度尼西亚学生　谢承良）

词语解释

[1] 国：国都，指长安（今陕西西安）。

[2] 破：陷落。

［3］城：长安城。当时已被叛军占领。
［4］草木深：指草木丛生，人烟稀少。
［5］感时：为国家的时局而感伤。
［6］溅泪：流泪。溅：水受到冲击向四处飞射。
［7］恨别：怅恨离别。
［8］烽火：古时边防报警的烟火。这里指安史之乱的战火。
［9］抵：值，相当于。
［10］白头：这里指白头发。
［11］搔：用手指轻轻地抓。
［12］浑：简直。
［13］欲：想，要。
［14］胜：经受，承受。
［15］簪：一种束发的首饰。古代男子成年后束发于头顶，用簪子横插，以免散开。

古诗今译

国都沦陷，只有山河依旧，长安城春天已来，但草木丛生、人烟稀少。感伤时局，我看到花开不由得泪下，内心怨恨离别，听到鸟鸣而心惊胆战。战火已经延续了很长时间，一封平安家书抵得上万两黄金。心情烦闷，我的白发被我越抓越短，简直要插不住发簪了。

作者简介

杜　甫

字、号：字子美，自号少陵野老，世称杜少陵、杜工部

籍贯：河南巩县（今河南巩义）

生卒年：712—770

身份：曾任检校工部员外郎，唐代现实主义诗人

获荣誉称号：“诗圣”；与李白并称“李杜”；其诗作人称“诗史”

代表作：诗作《春望》《北征》等；“三吏”“三别”；《杜工部集》

作品赏析

这首感人至深的五律是757年杜甫被困长安时所写。当时的长安城已经被安史叛军占据，昔日城市的繁华消失不见，只剩下一片荒凉和破败。杜甫此时又和家人久别，没有家人平安的消息，忧国思家之情一齐向诗人袭来。题目是“春望”，诗歌首联即点题，书写诗人于城中所见。国都沦陷，山河依旧，春天已来，本该是生机勃勃的长安城却是“草木深”。颔联写诗人内心的哀痛，以乐景写哀情。春天花开，可在诗人眼里，那花开得十分刺眼；鸟儿喧腾，可在诗人听来，那叫声十分刺耳，他听着鸟的啼叫不由得胆战心惊。出于对国家时事的担忧、与家人别离的痛苦，美好的事物反而增加了诗人内心的伤痛。这两句在形式上不仅对偶工整，而且讲究字句的锤炼，体现了杜甫追求“语不惊人死不休”的语言特点。颈联写诗人对家人的牵挂，希望家人在战火连绵的岁月里可以平安无恙。尾联写自身的形象，因为忧愁痛苦而头发花白，收束全诗。这首诗全篇情景交融，感情深沉，而又含蓄凝练，言简意赅，充分体现了杜诗“沉郁顿挫”的艺术特点。

经典名句

感时花溅泪，恨别鸟惊心。烽火连三月，家书抵万金。

诵读指引

诵读这首诗主要是要表现诗人忧国思家的情感。首联起势稳健，语调低沉而不失力度，颔联情绪饱满，表现诗人的痛惜之情，在“花溅泪”“鸟惊心”上进行重音强调，颈联突出对比“连三月”和“抵万金”，尾联略有舒缓，表达诗人的自伤之情。“深”“心”“金”“簪”押韵，应读得声韵饱满。

春望

国破/山河在，城春/草木深。（语速偏慢，起调略低，“山”“草”重读，平行语势）
感时/花溅泪，恨别/鸟惊心。（“花溅泪”“鸟惊心”重读，下行语势）
烽火/连三月，家书/抵万金。（“连”“抵”重读，读出对家书的渴盼感，下行语势）
白头/搔更短，浑欲/不胜簪。（“搔”“不胜簪”重读，顿挫，表达伤感之情，平行语势）

诗经·静女[1]

T－3

静女其姝(shū)[2]，俟(sì)[3]我于城隅(yú)[4]。
爱[5]而不见(xiàn)[6]，搔首踟(chí)蹰(chú)[7]。
静女其娈(luán)[8]，贻(yí)[9]我彤(tóng)管[10]。
彤管有[11]炜(wěi)[12]，说(yuè)[13]怿(yì)女(rǔ)[14]美。
自牧[15]归(kuì)[16]荑(tí)[17]，洵(xún)[18]美且异[19]。
匪(fēi)[20]女(rǔ)[21]之为美，美人之贻。

（绘图：2018 级马来西亚学生　孙红绫）

词语解释

［1］静女：安静娴雅的女孩子。
［2］姝：美好。
［3］俟：等待，此处指约好地方等待。
［4］城隅：城上的角楼。
［5］爱：隐蔽，躲藏。
［6］不见：不出现。
［7］踟蹰：徘徊不定。
［8］娈：面容好看。
［9］贻：赠送。
［10］彤管：一种红色管状的草。
［11］有：形容词词头。
［12］炜：鲜明有光亮的样子。
［13］说：通“悦”，喜爱。
［14］女：通“汝”，你，指彤管。
［15］牧：郊外。
［16］归：通“馈”，赠送。
［17］荑：白茅。
［18］洵：实在。
［19］异：特别。
［20］匪：通“非”。
［21］女：通“汝”，指荑草。

古诗今译

娴静女孩多漂亮，约我在城楼上相见。她却故意躲藏不出现，急得我不停搔头来回走。娴静女孩多好看，送我一枝彤管草。彤管红亮有光彩，我爱它鲜艳的颜色。她把在郊外采的荑草送给我，荑草美好又特别。不是荑草长得美，而是美人相赠的情意要珍惜。

作品赏析

这首诗出自《诗经·邶风》，即来自邶地的一首民歌。诗歌主要以男子的口吻来写和女子约会的快乐。那位女子明明约好了时间，可又“爱而不见”，故意躲藏不出现，显出性格中的活泼和顽皮。而这位男子也十分可爱，约会时见不到女子就“搔首踟蹰”，心急火燎。

而且，他对女子是一往情深，凡是女子所赠之物，无论是彤管还是荑草，都会特别珍爱，“匪女之为美，美人之贻”，因为是女子所赠送的，爱人及物、爱屋及乌也就是这个道理吧。全诗语言明白，情思缠绵，生动地展示了恋爱中的男女在约会时的欢乐情景。

经典名句

爱而不见，搔首踟蹰。

诵读指引

诵读这首诗，首先读准字音，注意通假字的读音。在情感把握上，适合用欢快的语调来表现男女约会时的情景。节奏可如下：

诗经·静女

静女/其姝，俟我/于城隅。
爱而/不见，搔首/踟蹰。
静女/其娈，贻我/彤管。
彤管/有炜，说怿/女美。
自牧/归荑，洵美/且异。
匪/女之为美，美人/之贻。

jiān jiā

诗经·蒹葭[1]

T-4

（绘图：2018级蒙古学生　温佳丽）

蒹葭苍苍[2]，白露为霜。

yī

所谓[3]伊人[4]，在水一方[5]。

sù huí

溯洄[6]从[7]之，道阻[8]且长。

wǎn

溯游[9]从之，宛[10]在水中央。

qī　xī

蒹葭萋萋[11]，白露未晞[12]。

méi

所谓伊人，在水之湄[13]。

jī

溯洄从之，道阻且跻[14]。

chí

溯游从之，宛在水中坻[15]。

蒹葭采采[16]，白露未已[17]。

所谓伊人，在水之涘（sì）[18]。

溯洄从之，道阻且右[19]。

溯游从之，宛在水中沚（zhǐ）[20]。

词语解释

[1] 蒹葭（lú wěi）：芦苇。
[2] 苍苍：茂盛的样子。
[3] 所谓：所说的，此处指所怀念的。
[4] 伊人：那个人，指所思慕的对象。
[5] 一方：那一边。
[6] 溯洄：在河边逆流而上。
[7] 从：追寻，寻找。
[8] 阻：险阻，（道路）难走。
[9] 溯游：在河边顺流而下。游：通“流”，指直流。
[10] 宛：宛然，好像。
[11] 萋萋：茂盛的样子。
[12] 晞：干，晒干。
[13] 湄：水和草交接的地方，也就是岸边。
[14] 跻：升，高起，形容道路又陡又高。
[15] 坻：水中小洲或高地。
[16] 采采：繁盛的样子。
[17] 已：止。
[18] 涘：水边。
[19] 右：弯曲。
[20] 沚：水中的小块陆地。

古诗今译

大片大片的芦苇青苍苍，清晨的露水变成霜。我所怀念的心上人啊，就站在对岸的河边。我逆流而上去追寻她，那道路险阻又漫长。我顺流而下去追寻她，她仿佛又在河水的中央。

芦苇凄清一大片，清晨的露水尚未晒干。我心中所想念的那个人啊，她就在河水的对岸。我逆流而上去追寻她，那道路坎坷又艰难。我顺流而下去追寻她，她仿佛又在水中的小洲上。河边芦苇连绵不断，清晨的露滴还没有被蒸发完。我那苦苦追求的人啊，她就在河岸的那一边。我逆流而上去追寻她，那道路弯曲又艰险。我顺流而下去追寻她，她仿佛又在水中的沙滩上。

作品赏析

这首诗出自《诗经·秦风》，即来自秦地的一首民歌，主要表达诗人在追求心中思慕之人时难以得到的惆怅与苦闷。全诗共三章，每章都从描写水岸边的秋景开始，借景抒情。第一章写到，在一个“白露为霜”的深秋早晨，诗人来到河边，为的是追寻那心中思念的人，出现在眼前的却是茫茫的芦苇丛，冷清而寂寞，“所谓伊人，在水一方”，诗人只知道他思念的人在河水的另外一边，他上下寻找却不可得。之后两章只是对首章文字略加改动而成，这是《诗经》中常见的重章叠句手法。在反复的咏叹中，诗的意境和思想感情不断得到强化和升华。

经典名句

所谓伊人，在水一方。

诵读指引

这首诗共三章，诵读这三章时情感是回环往复的，语调宜缓慢而抒情，给人以朦胧而悠长的感受。韵脚字的发音要饱满清楚。全诗以四字句为主，另有三句五字句，四字句可读为二二式节奏，五字句可读为二三式节奏，以前八句为例：

诗经·蒹葭

蒹葭/苍苍，白露/为霜。
所谓/伊人，在水/一方。
溯洄/从之，道阻/且长。
溯游/从之，宛在/水中央。

huàn xī shā qǔ

浣溪沙[1]·一曲[2]新词[3]酒一杯

T－5

yàn

（宋）晏殊

一曲新词酒一杯，
去年天气旧亭台[4]。
夕阳西下几时回？
无可奈何[5]花落去，
似曾相识[6]燕归来[7]。
jìng
小园香径[8]独徘徊[9]。

（绘图：2018级蒙古学生　温佳丽）

词语解释

［1］浣溪沙：原为唐代教坊曲名，后用为词牌名。沙，一作“纱”。

［2］一曲：即一首。因词是配合音乐唱的，所以称“曲”。

［3］新词：刚填好的词，即新歌。

［4］去年天气旧亭台：天气和亭台都跟去年一样。旧亭台：指曾经到过的或熟悉的亭台楼阁。旧：旧时，以前。

［5］无可奈何：不得已，没有办法。

［6］似曾相识：好像以前认识。

［7］燕归来：燕子（依时令）从南方飞回来。

［8］香径：花草芳香的小路，或指落英缤纷的小路。

［9］徘徊：来回走动。

古词今译

听一首新歌，喝一杯美酒，想起去年的这个时候，天气和地方都依旧，仍然是这熟悉的楼台和亭子。西下的夕阳什么时候才能再度回来？百花的凋落让人无可奈何，而那翩翩归来的燕子好像就是曾经相识的那一只。在落英缤纷的园中小路上，我独自徘徊。

作者简介

晏　殊

字、号：字同叔，谥号元献

籍贯：抚州临川（今江西进贤）

生卒年：991—1055

身份：北宋文学家、政治家，宰相

获荣誉称号：与其第七子晏几道一起被称为“大晏”和“小晏”，又与欧阳修并称“晏欧”

代表作：词作《蝶恋花·槛菊愁烟兰泣露》《浣溪沙·一曲新词酒一杯》等；《珠玉词》《晏元献遗文》等

作品赏析

伤春是中国古典诗词常见的主题，晏殊的这首词虽是伤春，却不伤感。“一曲新词酒一杯”，词人对酒听歌，给人愉快安闲的感觉，却不期然地想起了“去年”的情景：也是一样的天气，一样的亭台楼阁，一样的清歌美酒。可是，时光流转，物是人非，有的东西已然有了难以逆转的变化，让人无可奈何。不过，晏殊终究是一位理性的词人，“无可奈何花落去，似曾相识燕归来”两句显然是他对宇宙人生思考的结果，意思是说，尽管面对花落我们没有办法去改变，但我们也没有必要感伤，因为宇宙中还是有些东西是我们可以把握的，就像眼前这只似曾相识的燕子又飞了回来。这两句启人神智，耐人寻味，成为流传千古的名句。

经典名句

无可奈何花落去，似曾相识燕归来。

诵读指引

晏殊的这首词虽是伤春，却不伤感。“一曲新词酒一杯”，词人对酒听歌，给人愉快安闲的感觉。

浣溪沙·一曲新词酒一杯

一曲/新词/酒一杯，（语速适中，起调略高，表现听曲饮酒的欢畅之感）
去年/天气/旧亭台。（声音转低，下行语势，若有所思之感）
夕阳/西下/几时回？（语速转缓，读出疑问语气）
无可/奈何/花/落去，（“花”重读，读出对世事变化的无奈感）
似曾/相识/燕/归来。（“燕”重读，与前一句形成对比，读出豁然开朗之感）
小园/香径/独徘徊。（语速渐缓，“独徘徊”声音延长）

《论语》选读三

T－6

（绘图：2018 级蒙古学生　温佳丽）

子曰："弟子入则孝，出则弟，谨而信，泛爱众，而亲仁。行有余力，则以学文。"（《论语·学而》1.6）

曾子[1]曰："吾日三省（xǐng）[2]吾身：为人谋而不忠乎？与朋友交而不信乎？传[3]不习乎？"（《论语·学而》1.4）

子曰："见贤思齐焉（yān），见不贤而内自省也。"（《论语·里仁》4.17）

子曰："质胜文则野，文胜质则史。文质彬（bīn）彬，然后君子。"（《论语·雍也》6.18）

子曰：“君子和而不同[4]，小人同而不和。”（《论语· 子路》13. 23）

子曰：“君子坦荡荡，小人长戚(qī)戚。”（《论语·述而》7. 37）

子曰：“君子有三戒：少之时，血气未定，戒之在色；及其壮也，血气方刚，戒之在斗；及其老也，血气既衰，戒之在得。”（《论语·季氏》16. 7）

子张问行，子曰：“言忠信，行笃敬[5]，虽蛮貊(mò)之邦[6]，行矣。言不忠信，行不笃敬，虽州里，行乎哉？立则见其参[7]于前也，在舆(yú)[8]则见其倚于衡[9]也，夫然后行。”子张书诸绅(zhūshēn)[10]。（《论语·卫灵公》15. 6）

词语解释

［1］曾子：孔子的学生曾参(shēn)。
［2］三省：多次反省。
［3］传：老师的传授，也就是老师讲的知识。
［4］和而不同：和：调和，与人和谐相处。同：就是随便附和(hè)别人。
［5］笃敬：忠厚恭敬。
［6］蛮貊之邦：这里指其他部族或其他国家。
［7］参：排列，显现。
［8］舆：马车。
［9］衡：车辕前面的横木。
［10］绅：贵族衣服上系在腰间的大带。

古文今译

孔子说：“青少年学生，在父母跟前要孝顺父母，离开家里要敬爱兄长；做人谨慎、诚实可信；博爱大众，亲近有仁德的人。这样亲身实践后，还有剩余的精力，再去学习圣贤的文章。”

曾子说：“我每天多次反省自己：为别人办事尽力了吗？和朋友来往是诚实的吗？老师传授我的知识复习了吗？”

孔子说：“看到贤人，就应该想向他看齐；看到不贤的人，就应该反省自己（有没有和他一样的毛病）。”

孔子说：“朴实多于文采，就有些粗野；文采多于朴实，就有些虚浮。文采和朴实配合得当，才是彬彬温雅的君子。”

孔子说：“君子能够调和与别人的关系，也会保持自己不同的意见，不去随便迎合别人的观点。小人正好相反，只会随便同意别人的观点，不会说自己不同的意见。”

孔子说：“君子心地坦荡、心胸开阔，小人内心忧愁、斤斤计较。”

孔子说：“君子有三件事需要警惕戒备：年轻时，血气未定，要警惕贪恋情欲；壮年时，血气方刚，要警惕好勇斗狠；等到老年时，血气衰弱，要警惕贪得无厌。”

子张问如何才能处处行得通。孔子说：“言语忠诚老实，行为忠厚恭敬，即使到了别的部族国家，也能行得通。言语不忠诚老实，行为不忠厚恭敬，即使是在本乡本土，能行得通吗？站立时，就好像看见‘忠信笃敬’几个字显现在面前；在车上时，也好像看见这几个字出现在车前横木上，时时看到，这样才能处处行得通。”子张把这些话写在腰间的大带上。

作品赏析

《论语》中这八条语录的主要内容集中在道德修养等方面。

第一条，是孔子对青少年学生的要求。年轻人应该在家尽孝道，出门有礼仪，亲近仁德，道德修养好了，就可以去学一些外在的文采了。后世的《弟子规》就是根据孔子这条语录写成的，影响很大。

第二、三条是讲自己要时时反省。曾子是孔子比较喜欢的学生，他日常都要做到“三省”，每天都会反省自己有没有做到更好。孔子则说要见贤思齐，在和别人作比较的时候能够反省自己的缺点。

第四条至第七条都是关于君子的。孔子往往把君子和小人进行对比，在孔子看来，君子的道德修养高，文质彬彬，心胸坦荡，能处理好与别人的关系。孔子还从人生的三个阶段来谈君子分别需要注意什么，这对我们每个人都非常有用，值得铭记在心。

第八条是子张和孔子的对话，从中我们可以看到：孔子认为只要做到了言语忠信、行为笃敬，那么即使到了别的国家和地方，也可以与当地人相处得很好。

经典名句

弟子入则孝，出则弟，谨而信，泛爱众，而亲仁。行有余力，则以学文。

吾日三省吾身：为人谋而不忠乎？与朋友交而不信乎？传不习乎？

质胜文则野，文胜质则史。文质彬彬，然后君子。
君子和而不同，小人同而不和。
君子坦荡荡，小人长戚戚。
言忠信，行笃敬，虽蛮貊之邦，行矣。

诵读指引

诵读《论语》时，整体节奏舒缓，注意根据文意恰当处理停顿、重读和语调。

《论语》的句子非常经典，要求准确熟读。所有加“·”字均重读，如果诵读时有错漏字词，或者有不当的停顿，则应当重新诵读。

《论语》选读三

子曰：“弟子入则孝，出则弟，谨而信，泛爱众，而亲仁。行有余力，则以学文。”（《论语·学而》1.6）

曾子曰：“吾日/三省/吾身：为人谋/而不忠/乎？与朋友交/而不信乎？传/不习乎？”（《论语·学而》1.4）

子曰：“见贤/思齐焉，见不贤/而内自省也。”（《论语·里仁》4.17）

子曰：“质胜文/则野，文胜质/则史。文质彬彬，然后君子。”（《论语·雍也》6.18）

子曰：“君子/和而不同，小人/同而不和。”（《论语· 子路》13.23）

子曰：“君子/坦荡荡，小人/长戚戚。”（《论语·述而》7.37）

子曰：“君子有三戒：少之时，血气/未定，戒之/在色；及其/壮也，血气/方刚，戒之/在斗；及其/老也，血气/既衰，戒之/在得。”（《论语·季氏》16.7）

子张问行，子曰：“言/忠信，行/笃敬，虽/蛮貊之邦，行矣。言/不忠信，行/不笃敬，虽/州里，行乎哉？立/则见其/参于前也，在舆/则见其/倚于衡也，夫/然后行。”子张书诸绅。（《论语·卫灵公》15.6）

《论语》选读四

T－7

（绘图：2018 级蒙古学生　温佳丽）

子曰："有教无类。"（《论语·卫灵公》15.39）

子曰："不愤[1]不启，不悱（fěi）[2]不发，举一隅[3]不以三隅反，则不复也。"（《论语·述而》7.8）

子路问："闻斯行诸？"子曰："有父兄在，如之何其闻斯行之？"冉有问："闻斯行诸？"子曰："闻斯行之。"公西华曰："由也问闻斯行诸，子曰'有父兄在'；求也问闻斯行诸，子曰'闻斯行之'。赤也惑，敢问。"子曰："求也退，故进之；由也兼人[4]，故退之。"（《论语·先进》11.22）

子曰："三人行，必有我师焉。择其善者而从之，其不善者而改之。"（《论语·述而》7.22）

子曰："学而时习之，不亦说(yuè)[5]乎？有朋自远方来，不亦乐乎？人不知而不愠(yùn)[6]，不亦君子乎？"（《论语·学而》1.1）

子曰："温故而知新，可以为师矣。"（《论语·为政》2.11）

子曰："学而不思则罔(wǎng)[7]，思而不学则殆(dài)[8]。"（《论语·为政》2.15）

子曰："由，诲女(rǔ)[9]，知之乎！知之为知之，不知为不知，是知(zhì)[10]也。"（《论语·为政》2.17）

词语解释

[1] 愤：心里想要知道。
[2] 悱：想说而说不出的样子。
[3] 隅：方面，方向。
[4] 兼人：一个人可以做两个人的事，这里形容勇于作为、胆子大。
[5] 说：通"悦"，高兴。
[6] 愠：生气怨恨。
[7] 罔：通"惘"，迷惘，没有收获。
[8] 殆：疑惑不解。
[9] 女：通"汝"，你。
[10] 知：通"智"，聪明，智慧。

古文今译

孔子说："人人都可接受教育，没有高低贵贱的区别。"
孔子说："如果不到他苦思冥想想不出来时，就不要去启发他；如果没到他想说而说不出来的时候，就不要去开导他。给他讲一个例子，他却不能联想到类似的三个例子，那么就不要再教他了。”

子路问：“听到了就可以行动吗？”孔子说：“有父亲兄长在，怎么能听到就做呢？”冉有问：“听到了就可以行动吗？”孔子说：“听到了就可以做了。”公西华问孔子：“子路问听到了就可以行动吗？您说‘有父亲兄长在’。冉有也问听到了就可以行动吗？您却说‘听到了就可以做了’。我有些糊涂，敢问为什么（您的答案不一样）呢？”孔子说：“冉有做事总是退缩，所以我鼓励他前进；子路做事胆大，勇于作为，所以我要他小心一些。”

孔子说：“三个人一起走路，其中一定有我应该学习的人。要选择他们的优点来学习，如果看到他们的缺点，要反省自己有没有，如果有，就要改正它。”

孔子说：“学到东西后按时去温习和练习，不也很高兴吗？有朋友从远方来，不也很快乐吗？别人不了解我，我却不生气，不也是君子吗？”

孔子说：“在温习旧知识的时候，能有新的体会和发现，这样的人就可以当老师了。”

孔子说：“只学习而不思考就会迷惘没有收获；只思考而不学习就会疑惑不解。”

孔子说：“仲由啊，让我教导你对待知与不知的态度吧！知道就是知道，不知道就是不知道，这才是真正有智慧的。”

作品赏析

此处收录《论语》中的八条语录主要是有关教学、学习的。

第一条反映了孔子“有教无类”的教育思想。孔子是中国古代第一位创办私学的人，他的学生据说有三千多人，既有高官贵族，也有一般平民。孔子都能一视同仁，给予教导。

第二条反映了“启发式”教学的教育思想。孔子重视学生主动性，教师要在学生似懂非懂，又非常想要明白的时候才给予引导帮助。他还重视培养学生“举一反三”的能力，比如给学生讲东南西北四个方向时，教师应该只给学生讲其中一个方向，而学生要学会自己明白其他三个方向是怎么回事。

第三条反映了“因材施教”的教育思想。两个学生分别向孔子问了同一个问题，但是孔子的回答完全不一样。为什么呢？因为孔子认为这两个学生的性格一个软弱、一个刚强，所以，对软弱的学生，教师要多鼓励，而对刚强的学生，教师要多提醒。

孔子还多次论述了如何学习，以及在学习中要注意什么问题。第四条是说要用一切机会向别人学习；第五、六条是说学习之后要经常进行温习和练习、实践；第七条是说学习和思考一定要结合起来；第八条是说学习的态度要诚实，知道就是知道，不知道就是不知道。

经典名句

有教无类。

不愤不启，不悱不发，举一隅不以三隅反，则不复也。

三人行，必有我师焉。择其善者而从之，其不善者而改之。
学而时习之，不亦说乎？有朋自远方来，不亦乐乎？人不知而不愠，不亦君子乎？
温故而知新，可以为师矣。
学而不思则罔，思而不学则殆。
知之为知之，不知为不知，是知也。

诵读指引

诵读《论语》时，整体节奏舒缓，注意根据文意恰当处理停顿、重音和语调。《论语》的句子非常经典，要求准确熟读。所有加“·”字均重读，如果诵读时有错漏字词，或者有不当的停顿，则应当重新诵读。

《论语》选读四

子曰：“有教/无类”。（《论语·卫灵公》15.39）

子曰：“不愤/不启，不悱/不发，举/一隅不/以三隅反，则不复也。”（《论语·述而》7.8）

子路问：“闻斯/行诸？”子曰：“有父兄在，如之/何其/闻斯行之？”冉有问：“闻斯/行诸？”子曰：“闻斯/行之。”公西华曰：“由也问闻斯/行诸，子曰‘有父兄在’；求也问/闻斯行诸，子曰‘闻斯/行之’。赤也惑，敢问。”子曰：“求也退，故进之；由也兼人，故退之。”（《论语·先进》11.22）

子曰：“三人行，必有/我师焉。择其/善者/而从之，其不善者/而改之。”（《论语·述而》7.22）

子曰：“学而/时习之，不亦/说乎？有朋/自远方/来，不亦/乐乎？人不知/而不愠，不亦/君子乎？”（《论语·学而》1.1）

子曰：“温故/而知新，可以/为师矣。”（《论语·为政》2.11）

子曰：“学而不思/则罔，思而不学/则殆。”（《论语·为政》2.15）

子曰：“由，诲女，知之乎！知之/为知之，不知/为不知，是知也。”（《论语·为政》2.17）

再别康桥

kāng qiáo

T－8

徐志摩

（绘图：2018 级柬埔寨学生　王金喜）

轻 轻 的 我 走 了 ，
正 如 我 轻 轻 的 来 ；
我 轻 轻 的 招 手 ，
作 别 西 天 的 云 彩 。
那 河 畔 的 金 柳 ，
是 夕 阳 中 的 新 娘 ；
波 光 里 的 艳 影 ，
在 我 的 心 头 荡 漾（yàng） 。

软泥上的青荇（xìng）[1]，
油油的在水底招摇[2]；
在康河的柔波里，
我甘心做一条水草！

那榆（yú）荫（yīn）下的一潭，
不是清泉，是天上虹；
揉碎在浮藻（zǎo）间，
沉淀着彩虹似的梦。

寻梦？撑一支长篙（gāo）[3]，
向青草更青处漫溯（sù）[4]；
满载一船星辉，
在星辉斑斓里放歌。

但我不能放歌，
悄悄是别离的笙箫；
夏虫也为我沉默，
沉默是今晚的康桥！

悄悄的我走了，
正如我悄悄的来；
我挥一挥衣袖，
不带走一片云彩。

词语解释

［1］青荇：一种多年生浅水性植物，叶子漂浮在水面上，略呈圆形，根生在水底，夏天开黄色小花。

［2］招摇：这里是逍遥的意思。

［3］篙：用竹或木制作而成的撑船工具。

［4］溯：向水流相反的方向走，即逆水而行，逆流而上。

作者简介

徐志摩

字、号：原名章垿（xù），字槱（yǒu）森

籍贯：浙江海宁

生卒年：1897—1931

身份：现代诗人、散文家，新月派代表诗人

代表作：《再别康桥》《翡冷翠的一夜》等

作品赏析

康桥，即剑桥，是中国现代著名诗人徐志摩开启心灵的地方。1921—1922 年期间，诗人曾经在剑桥大学游学，剑桥生活唤醒了他深藏在心中的天命，成为他人生的重大转折点。6 年之后，1928 年，诗人故地重游，于归程途中写下了这首经久不衰的传世之作。

故地重游，乍逢即别，离别之际，诗人对康桥依依不舍，他将那满满的爱恋、对往昔生活的憧憬，以及对眼前的无可奈何，都倾泻在这首诗中，用轻盈柔和的语言、精巧圆熟的形式、虚实相间的手法，描绘了康河上那一幅幅流动的绝美画面，塑造了优美的意境，令我们在一个世纪之后的今天再去读它也不禁为之陶醉。

诗歌中对康桥意象的描画，那河畔的金柳、软泥上的青荇、榆荫下的潭水……无不体现诗人对康桥的绵绵情谊。“轻轻的我走了，正如我轻轻的来；我轻轻的招手，作别西天的云彩。”这洒脱飘逸的诗句、轻盈优美的旋律，让人感觉不是在跟康桥告别，而是在跟一位挚友告别，纵然欲别不能，却不愿将沉重留给彼此。

诗歌语言清丽，节奏柔婉，宛若一曲悦耳舒缓的散板，轻盈婉转，满载着诗人起伏跳跃的情感，拨动着千千万万读者的心弦，不愧为徐志摩诗作中的绝唱。

经典名句

轻轻的我走了，正如我轻轻的来；我轻轻的招手，作别西天的云彩。

诵读指引

这是一首惜别诗，感情真挚又逐步深入。诵读时所有带“·”的字均重读，通过丰富的语气语调变化，传达美的想象和爱的情怀。

再别康桥

轻轻的/我/走了，（柔和、平缓，语速较慢，平行语势，读出不舍之感）
正如/我/轻轻的/来；（“轻轻的”读得轻而舒缓，下行语势）
我/轻轻的/招手，（平行语势）
作别/西天的/云彩。（平缓，语速较慢）
那/河畔的/金柳，（语速逐渐加快）
是/夕阳中的/新娘；（读出欣赏之情，平行语势）
波光里的/艳影，（平行语势）
在我的/心头/荡漾。（“荡漾”适当放缓，下行语势）
软泥上的/青荇，（平行语势）
油油的/在水底/招摇；（平行语势）
在康河的/柔波/里，（上行语势）
我/甘心做/一条/水草！（下行语势，读出坚定感）
那榆荫下的/一潭，（平行语势）
不是清泉，是/天上虹；（语速逐渐放缓，语势渐升）
揉碎/在浮藻间，（平行语势）
沉淀着/彩虹似的/梦。（有“梦幻”感）
寻梦？/撑一支/长篙，（前半句上行语势，读出疑问语气，后半句平行语势）
向青草/更青处/漫溯；（缓慢，平行语势）
满载/一船/星辉，
在星辉斑斓里/放歌。（语速渐快，声量渐高，读出欢快感）
但我不能/放歌，（放缓语速，与前一句形成对比）

悄悄/是别离的/笙箫；（忧伤、缓慢的，平行语势）
夏虫/也为我/沉默，（平行语势）
沉默/是今晚的/康桥！（下行语势）
悄悄的/我/走了，（语速渐缓，停顿明显，平行语势）
正如/我/悄悄的/来；（下行语势）
我/挥一挥/衣袖，（平行语势）
不带走/一片/云彩。（语速缓慢，平行语势）

xiàng

雨　巷

T -9

戴望舒

（绘图：2018 级中国学生　汪泓）

撑着油纸伞，独自

pánghuáng
彷　徨[1]在悠长，悠长

jì liáo
又寂寥[2]的雨巷，

我希望逢着

一个丁香[3]一样的

结着愁怨的姑娘。

她是有
丁香一样的颜色，
丁香一样的芬芳，
丁香一样的忧愁，
在雨中哀怨，
哀怨又彷徨；

她彷徨在这寂寥的雨巷，
撑着油纸伞
像我一样，
像我一样地
默默彳亍（chìchù）[4]着，
冷漠，凄清（qī qīng），又惆怅（chóuchàng）。

她静默地走近
走近，又投出
太息[5]一般的眼光，
她飘过
像梦一般的，
像梦一般的凄婉迷茫。

像梦中飘过
一枝丁香的，

我身旁飘过这女郎；
她静默地远了，远了，
到了颓圮（tuí pǐ）[6]的篱墙[7]，
走尽这雨巷。

在雨的哀曲里，
消了她的颜色，
散了她的芬芳
消散了，甚至她的
太息般的眼光，
丁香般的惆怅。

撑着油纸伞，独自
彷徨在悠长，悠长
又寂寥的雨巷，
我希望飘过
一个丁香一样的
结着愁怨的姑娘。

词语解释

[1] 彷徨：走来走去，不知往哪个方向去。
[2] 寂寥：没有人陪伴，独自一人的，寂静空旷、没有声音的。
[3] 丁香：一种植物的名字。古人常用丁香花来比喻忧愁。
[4] 彳亍：慢步行走，或走走停停。
[5] 太息：叹息。
[6] 颓圮：倒塌。
[7] 篱墙：篱笆墙。

作者简介

戴望舒

字、号：名承，字朝安

籍贯：浙江杭州

生卒年：1905—1950

身份：中国现代诗人

代表作：诗集《我的记忆》《望舒草》等

作品赏析

中国古代诗歌中有把“丁香”当成“愁怨”的象征，比如有“丁香空结雨中愁”的诗句。戴望舒就从这句古诗出发，用现代诗的形式，想象了一个“结着愁怨的姑娘”。

在诗歌开头一节，写四、五月份下小雨时，在江南的小巷里，“我”撑着油纸伞，心情惆怅地走着，希望遇到一位像丁香花一样“愁怨”的姑娘。诗中接着描写了这个姑娘像丁香花一样美丽，也像丁香花一样“愁怨”。姑娘远远地走近“我”，向“我”投出太息一般的目光，然后又默默地走远，最后消失在小巷的远处。诗人在最后一节，又写希望遇到一位像丁香花一样“愁怨”的姑娘。诗歌写的这个场景是一种象征性的想象，诗人是把自己的愁怨情绪想象成一个“结着愁怨的姑娘”。

经典名句

撑着油纸伞，独自彷徨在悠长，悠长又寂寥的雨巷，我希望逢着一个丁香一样的结着愁怨的姑娘。

诵读指引

《雨巷》这首诗音节优美，每节六行，每节大致对称，诗歌基本押 ang 韵，其中“巷”“娘”“芳”“怅”“光”等韵脚反复使用，具有回环反复的音乐美感。诵读时，注意语速偏慢，降低语音语调，表达了一种哀愁、寂寞的感情。

朗读时，按照自然口语划分节奏。可如下处理：

雨巷

撑着/油纸伞，独自
彷徨在/悠长，悠长（两个“悠长”渐缓，重读，读出深长感）
又/寂寥的/雨巷，
我希望/逢着（读出满怀希望感）
一个/丁香一样的
结着愁怨的/姑娘。（“姑娘”声音延长，重读）
她/是有
丁香一样的/颜色，
丁香一样的/芬芳，
丁香一样的/忧愁，（这三句逐呈上行语势，“忧愁”渐缓，声音延长，重读）
在雨中/哀怨，
哀怨/又/彷徨；（语调低沉，缓慢，“彷徨”重读，读出哀伤感）
她彷徨/在这寂寥的/雨巷，
撑着/油纸伞
像我/一样，
像我/一样地（这一句较前一句加重，语势上升，语速渐快）
默默/彳亍着，（语调转低，音量也适当放低）
冷漠，凄清，又惆怅。（语调低沉，缓慢，读出惆怅感）
她/静默地/走近
走近，又投出
太息一般的/眼光，
她/飘过
像梦一般的，
像梦一般的/凄婉迷茫。（语调低沉，缓慢，读出凄迷感）
像/梦中飘过
一枝丁香的，
我身旁/飘过/这女郎；
她/静默地/远了，远了，（两个“远了”渐缓，拉长，读出深远感）
到了/颓圮的/篱墙，

走尽/这雨巷。
在雨的哀曲里，
消了/她的颜色，
散了/她的芬芳
消散了，甚至她的
太息般的/眼光，
丁香般的/惆怅。（这一段不断推进，呈上行语势，“惆怅”渐缓，声音延长，重读）
撑着/油纸伞，独自
彷徨在/悠长，悠长（两个“悠长”渐缓，重读，读出深长感）
又寂寥的/雨巷，
我希望/飘过（读出满怀希望感）
一个/丁香一样的
结着愁怨的/姑娘。（“姑娘”声音延长）

春

T－10

朱自清

盼望着，盼望着，东风来了，春天的脚步近了。

一切都像刚睡醒的样子，欣欣然[1]张开了眼。山朗润起来了，水涨起来了，太阳的脸红起来了。

小草偷偷地从土里钻出来，嫩嫩的，绿绿的。园子里，田野里，瞧去，一大片一大片满是的。坐着，躺着，打两个滚，踢几脚球，赛几躺(tàng)跑，捉几回迷藏。风轻悄悄的，草软绵绵的。

桃树、杏树、梨树，你不让我，我不让你，都开满了花赶趟儿[2]。红的像火，粉的像霞，白的像雪。花里带着甜味儿，闭了眼，树上仿佛已经满是桃儿、杏儿、梨儿。花下成千成百的蜜蜂嗡嗡地闹着，大小的蝴蝶飞来飞去。野花遍地是：杂样儿，有名字的，没名字的，散在草丛里，像眼睛，像星星，还眨呀眨的。

“吹面不寒杨柳风”，不错的，像母亲的手抚摸着你。风里带来些新翻的泥土的气息，混着青草味儿，还有各种花的香，都在微微润湿的空气里酝酿(yùnniàng)[3]。鸟儿将窠巢(kē cháo)[4]安在繁花嫩叶当中，高兴起来了，呼朋引伴地卖弄清脆的喉咙，唱出宛转[5]的曲子，与轻风流水应和着。牛背上牧童的短笛，这时候也成天嘹(liáo)亮地响着。

雨是最寻常的，一下就是三两天。可别恼。看，像牛毛，像花针，像细丝，密密地斜织着，人家屋顶上全笼着一层薄烟。树叶儿却绿得发亮，小草儿也青得逼你的眼。傍晚时候，上灯了，一点点黄晕的光，烘托出一片安静而和平的夜。在乡下，小路上，石桥边，有撑起伞慢慢走着的人，地里还有工作的农民，披着蓑(suō)戴(dài)着笠(lì)[6]。他们的房屋，稀稀疏疏的，在雨里静默着。

天上风筝渐渐多了，地上孩子也多了。城里乡下，家家户户，老老小小，也赶趟儿似的，一个个都出来了。舒活舒活筋骨，抖擞(dǒusǒu)[7]抖擞精神，各做各的一份事去。“一年之计在于春”，刚起头儿，有的是工夫，有的是希望。

春天像刚落地的娃娃，从头到脚都是新的，它生长着。

春天像小姑娘，花枝招展的，笑着，走着。

春天像健壮的青年，有铁一般的胳膊和腰脚，领着我们上前去。

（绘图：2018 级柬埔寨学生　王淑丽）

词语解释

［1］欣欣然：高兴的样子。

［2］赶趟儿：赶得上。

［3］酝酿：原本是说造酒的发酵过程，现在多指事情逐渐成熟的准备过程。

［4］巢：鸟兽的窝。

［5］宛转：这里是指音圆润柔媚，悠扬动听。

［6］披着蓑戴着笠：蓑、笠是指用草或麻编织成的外衣或帽子。

［7］抖擞：这里指精神振奋，饱满。

作者简介

朱自清

字、号：字佩弦，号秋实

籍贯：浙江绍兴

生卒年：1898—1948

身份：中国现代散文大家

代表作：《背影》《荷塘月色》《春》《绿》等

作品赏析

《春》是朱自清的散文名作，发表于1933年。

文章可以分为三个部分。第一部分是第一段，一开始就写人们对春天的盼望之情，使用拟人手法，把春天的来临比作春天的脚步近了。第二部分是第二段到第七段，这里描写了春天的景色：冬天过去，春天的一切都像刚醒来一样；绿色的小草长出来了，各种花儿争相开放，温暖的春风、动听的鸟鸣、密密的小雨都让春天显得格外可爱，老老小小都出来享受春天。第三部分是第八段到第十段，最后把春天比拟成“娃娃”“小姑娘”“青年”，赞美春天充满活力，一切都生机勃勃。

经典名句

盼望着，盼望着，东风来了，春天的脚步近了。

诵读指引

这篇散文抒发对春天的赞美喜爱之情，多用拟人、比喻、排比等修辞方法，读的时候要注意充满感情，带着欢快的情绪。注意排比句的收尾语气要加强。如：“山/朗润/起来了，水/涨/起来了，太阳的脸/红/起来了。”最后一句“太阳的脸红起来了”，要读升调，语气要强于前面两句。

MPR 出版物链码使用说明

本书中凡文字下方带有链码图标“══”的地方，均可通过“泛媒关联”App 的扫码功能或“泛媒阅读”App 的“扫一扫”功能，获得对应的多媒体内容。

您可以通过扫描下方的二维码下载“泛媒关联”App、“泛媒阅读”App。

“泛媒关联”App 链码扫描操作步骤：

1. 打开“泛媒关联”App；
2. 将扫码框对准书中的链码扫描，即可播放多媒体内容。

“泛媒阅读”App 链码扫描操作步骤：

1. 打开“泛媒阅读”App；
2. 打开“扫一扫”功能；
3. 扫描书中的链码，即可播放多媒体内容。

扫码体验：

早发白帝城　　乐游原